青春文庫

読みはじめたらとまらない

平安400年の舞台裏

日本史深掘り講座[編]

青春出版社

はじめに

平安時代の特徴は、とにかくその「長さ」にあります。約400年という長大な時間は、江戸時代のはじまりから、明治・大正・昭和を経て、平成・令和に至るまでの期間にほぼ匹敵します。むろん、飛鳥時代以降の「○○時代」のなかでは、最長の時代です。

その4世紀におよぶ時間のなか、私たちの国は「日本的」という個性を身につけました。それ以前、この国は、中国の政治・文化スタイルを直輸入し、〝完コピ〟していましたが、そのスタイルは、平安時代のうちに風化していきます。麹《こうじ》と酵母が日本酒を生み出すように、この国の風土が中国流の制度や文化を〝発酵〟させ、わが国独特の風味、いや「風土」を生み出したのです。そうして、平安遷都から約2世紀で、私たちの祖先は『源氏物語』の世界に到達しました。

本書では、そうした「日本が日本になった時代」を扱います。桓武《かんむ》天皇による平安遷都から、藤原氏の全盛時代を経て、武家社会が開かれるまでの400年、私たちの国の祖型が定まった平安世界を深く楽しむために、ぜひご活用ください。

2023年10月

日本史深掘り講座

読みはじめたらとまらない平安400年の舞台裏＊目次

1章 平安時代をつかむ17のキーワード　13

3章　怨霊譚から不可思議な伝説まで、平安の世を彩るあやしい人々

4章　平安人の心を読み解く「仏教」「お寺」「祭り」のはなし　113

DTP■フジマックオフィス

1章

平安時代をつかむ17のキーワード

平安遷都1

「平安時代」は、どのようにしてはじまったか

平安時代は、むろんのこと、桓武《かんむ》天皇による平安遷都からはじまります。まずは、なぜ都が奈良を離れ、京都に遷《うつ》ることになったか、その理由を奈良時代末期の様子から探ってみましょう。

奈良時代（710〜784年）の70年余りは、とにかく皇族と藤原氏が政争に明け暮れた時代で、流血を伴う戦いにも何度も発展しました。まず、奈良時代の初期、実権を握ったのは、藤原不比等《ふひと》でした。彼は手練れの政治家で、父・藤原鎌足《かまたり》（大化の改新の功労者）以来の天皇家との関係をより強固にするため、天皇家と姻戚関係を結び、奈良時代としては政治的に安定した時代を築きました。

そして、不比等が亡くなると、その息子の武智麻呂《むちまろ》、房前《ふささき》、宇合《うまかい》、麻呂《まろ》の「藤原四兄弟」が台頭します。彼らは、皇族の長屋王《ながやおう》（天武《てんむ》天皇の孫）と対立しますが、四兄弟は、長屋王に謀反の疑いをかけて、729年、自害に追い込みます。これ

が、奈良時代の最初の大きな政変といえる「長屋王の変」です。

しかし、四兄弟は737年、平城京で流行していた天然痘にかかり、全員あっけなく亡くなってしまうのです。

これで、藤原氏は一時的に力を失い、皇族出身の橘《たちばなの》諸兄《もろえ》が政権を握ります。それに立ち向かったのが、藤原四兄弟の子どもたちでした。

まず、740年、藤原四兄弟のひとり、宇合の子の藤原広嗣《ひろつぐ》が地方豪族と組んで、「広嗣の乱」を起こすものの、戦いに敗れ、斬首に処せられました。

次いで、今度は武智麻呂の子の仲麻呂（後の恵《え》美押勝《みのおしかつ》）が立ち上がります。仲麻呂は757年、淳仁《じゅんにん》天皇を擁立して反対派を一掃、実権を握ります。しかし、恵美押勝は孝謙《こうけん》上皇（聖武《しょうむ》天皇の娘）と対立し、764年、上皇に滅ぼされました。

そして、孝謙上皇が称徳《しょうとく》天皇として返り咲くと、僧道鏡《どうきょう》が権力を握り、仏教政治を行いました。しかし、770年、称徳天皇が死去すると、道鏡は失権します。

次いで、天皇の位についたのが、天智天皇の孫の光仁《こうにん》天皇でした。同天皇は、律令政治と国家財政の立て直しを図って、ある程度成功、そして、その政策を受け継いだのが、この時代を代表する天皇に成長する桓武天皇でした。

そもそも、桓武天皇は、光仁天皇の子だったものの、母親が百済《くだら》系の子孫だったこともあり、当初は皇位に就くのは難しいとみられていました。ところが、父から皇太子に指名され、45歳で即位することになったのです。

そして、彼は784年、都を平城京から、まずは京都南部の長岡京に遷都します。こうして、奈良時代は終わり、新しい時代がはじまったのです。

平安遷都2

桓武天皇が短期間に遷都を繰り返した三つの理由

では、桓武天皇はなぜ遷都を企てたか？——その動機は、大きく分けて、三つあったとみられています。

まずは、天皇家の「家系」をめぐる理由です。当時の天皇家には、「天武天皇系」と「天智天皇系」の二つの系統があり、天武天皇以降は「天武系」の天皇が続いていました。しかし、奈良時代半ばから、天武系の男子の血統が絶え、「天智系」に皇位が移ってきていたのです。桓武天皇もそのひとりであり、彼は人心一新を図るため、天智天皇系の王朝にふさわしい新しい土地を求めて、長岡京への遷都を決行したとみられます。

その際、長岡の地が選ばれた理由は、奈良の平城京よりも、水運の点で便利な土地だったからでしょう。平城京周辺には大きな河川がなく、水運があまり利用できませんでした。そこで、桓武天皇は、淀川水系に近く、水運に恵まれた長岡の地に目をつけたとみられます。当時、朝廷の全国的な支配力が高まるにつれて、都への交通量や輸送量が増えていました。そこで、水運を確保し、権力と富を増大させることが、長岡への遷都の第二の理由だったとみられます。

そして、第三の理由は、奈良の強大な仏教勢力から距離を置くためだったとみられます。天武系の政治は、奈良の大仏造営に象徴されるように、仏教と一体化していました。そこで、仏教勢力の政治介入を防ぐため、桓武天皇は奈良を離れることを考えたのです。

ところが、長岡京の造都事業の開始からわずか10年で、桓武天皇は、現在の京都市へ再び都を遷します。そうして、794年から造営された都が平安京です。桓武天皇は、なぜ短期間のうちに長岡京を捨てたのでしょうか？

その理由は「怨霊を恐れたから」というのが、最有力の説とされています。

その発端となったのは、長岡京に遷都後、桓武天皇の右腕だった藤原種継《たねつぐ》が何者かに暗殺されたことです。その犯行の背後には遷都反対派がいたとみられ、桓武天皇は、謀殺に関与したとして、弟の早良《さわら》親王を捕らえます。確たる証拠はなかったのに、桓武天皇が弟を逮捕したのは、皇太子に、弟ではなく、自らの子どもを据えるためだったとみられます。その後、早良親王は無実を訴えて絶食、淡路島に流される途中、息絶えます。

この事件後、桓武天皇の周辺では、凶事が続発しました。夫人の藤原旅子《たびこ》、生母の高野新笠《たかののにいがさ》、皇后の藤原乙牟漏《おとむろ》が相次いで亡くなり、皇太子の安殿《あて》親王も重病を患います。

しかも、その間、長岡京は、2度の洪水に襲われたうえ、飢饉や疫病が発生するという惨憺たる有様になりました。それらの凶事がすべて、早良親王の怨霊の仕業ではないかと噂されたのです。

古代では、冤罪などで非業の死を遂げた人物は、怨霊となって現世に祟りをなすと考えられていました。桓武天皇は、長岡京には、憤死した早良親王の怨霊が住みついていると思いはじめます。そして、桓武天皇はその祟りを恐れ、長岡京がまだ造都中だったにもかかわらず、再遷都を決意し、794年、長岡京を放棄して、平安京へ再び都を遷したのです。

桓武天皇が本当に怨霊を恐れたから再遷都したのか、それとも洪水に見舞われやすい長岡京での造都を無理とみたのか、そのあたりはよくわかりません。ただ、桓武天皇が、平安遷都後も、早良親王の祟りを恐れ続けたのは、確かなことでした。桓武天皇は、早良親王に「崇道《すどう》天皇」の尊号を贈り、さらには淡路島に寺を建立したうえ、早良親王の墓を淡路島から大和に移しています。そういう措置をみると、桓武天皇は息をひきとるまで、早良親王の怨霊を恐れ続けていたとみられるのです。

桓武天皇暗殺未遂事件
天武天皇系の最後の抵抗を封じ込んだ桓武天皇

桓武天皇は、遷都以前にも、さまざまな改革を主導した改革派の天皇でした。しかし、改革が守旧派の反発を招くのは、平安時代も同じこと。そのため、桓武天皇の周辺では、たえず陰謀が渦巻き、彼自身、暗殺されかけたこともありました。まだ平城京時代に都があった頃の話で、その暗殺未遂事件も、遷都の動機のひとつだったのではないかという説もあります。

実行者は、大和乙人《おとひと》という宮廷の使用人でした。長岡京遷都の2年前の782年、乙人は部下を率いて、夜半、桓武天皇の寝所へ近づきます。そして、乙人は剣を握り、室内へ乱入します。しかし、衛士たちによって、乙人たちは取り押さえられました。

その後、乙人は、厳しい訊問に耐えられず、首謀者の名を明かします。首謀者は、天武天皇のひ孫に当たる氷上川継《ひがみのかわつぐ》でした。川継は、天智系の桓武天皇を殺すことで、皇位を再び天武系に戻そうと、謀反を計画していたのです。

しかし、桓武天皇側は、事前にその動きを察知して、川継を因幡守に任じて、都から追放しようとしました。そこで、川継は、乙人をつかい、桓武天皇を襲わせたというわけでした。

結局、この事件は、天武天皇系の最後の抵抗となり、その後、桓武天皇の地位は安定していきます。そして、桓武天皇は、遷都という大事業に着手できるほどの政治的実力を蓄えることになるのです。

桓武天皇
頻繁に狩猟に出かけた目的はどこにあったのか

桓武天皇は狩猟を好み、781年から806年まで、約25年間の在位中に120回も狩猟に出かけたという記録が残っています。天皇の座に就いてからの10年間はほとんど出かけていないのですが、在位12年目に年間14回を記録、以降、7年間はコンスタントに2桁の回数、狩猟に出かけていることがわかっています。

なぜ、桓武天皇は、頻繁に猟に出かけるようになったのか？――これをめぐっては、いくつかの説があります。

第一には、「遷都の下見」だったという説です。前述したように、桓武天皇は、平城京から長岡京へ、長岡京から平安京へと、2度遷都した帝です。そして、猟に出向いた地域は、いずれも長岡京や平安京の周辺だったのです。つまり、猟をしながら、新しい都にふさわしい土地を探していたとも考えられるのです。

ただ、平安遷都後も、狩猟を行っているので、狩猟は戦闘のシミュレーションだったという説もあります。当時、朝廷の主敵は、蝦夷《えみし》でした。桓武天皇は臣下を連れて森の中をめぐることで、蝦夷への攻撃をシミュレーションしていたという説です。

また、天皇の権威と力を人々に見せつけるためのパフォーマンスだったという説もあります。天皇が大勢の臣下を引き連れて狩猟に出かけるたび、庶民たちは、その姿を目にすることになります。そうして、朝廷の権威を印象づけるため、桓武天皇は頻繁に猟に出かけたとも考えられるのです。

薬子の乱
平安初期の上皇VS.天皇の政争の顛末

桓武天皇が長岡京を造営中、前述したように、腹心の藤原種継が暗殺されます。その種継の娘が、藤原薬子《くすこ》です。

薬子は父の死後、藤原縄主《ただぬし》と結婚し、三男二女をもうけます。やがて、その長女が、桓武天皇の皇太子・安殿《あて》親王に仕えるようになりました。母である薬子も、長女をフォローするため、親王に仕えました。

すると、薬子は当時、すでに相当の熟女でしたが、安殿親王と関係を結んでしまうのです。その関係は長く続き、やがて桓武天皇が崩御し、安殿親王が平城《へいぜい》天皇として即位すると、薬子は朝廷内での発言力を強め、政治に口を出すようになりました。

ところが、薬子にとって頼みの綱だった平城天皇が、健康上の理由から譲位すると言い出します。その真の理由は、桓武天皇と同様、早良親王の怨霊への恐れからだったともいわれます。

やがて、平城天皇は、弟の嵯峨《さが》天皇に皇位を譲り、自らは上皇となって、奈良(旧・平城京)に引っ込んでしまいます。ただ、なにかと政治に口を出したため、この時期は、平安京に嵯峨天皇、旧・平城京に平城上皇と、朝廷が二つあるような状態になってしまいました。

そうした状況に野心を抱いたのが、藤原薬子です。彼女は平城上皇を動かして、平安京から平城京に都を戻す詔勅を出させ、権力を握ろうとしたのです。

しかし、嵯峨天皇側がそんなことを許すはずもなく、810年、天皇側は兵を動かして、まず薬子の兄・仲成《なかなり》を捕らえ、処刑します。これに対して、上皇は出家し、薬子は毒をあおって自害しました。この一連の動きを「薬子の乱」、あるいは「薬子の変」と呼びます。

この薬子の乱では、藤原北家出身の藤原冬嗣《ふゆつぐ》が活躍し、藤原氏のなかでも藤原北《ほっ》家《け》が台頭するきっかけをつくりました。以後、藤原北家が他氏、あるいは藤原氏の他の系統を排斥し、権力を独占していくことになります。

嵯峨天皇

その子だくさんが生み落とした歴史的産物

嵯峨天皇は、前項の薬子の乱に勝利した天皇。反対勢力を一掃したことで、嵯峨天皇は、父の桓武天皇と並ぶような強力な権力を握ります。

ただし、嵯峨天皇は、父の桓武天皇とはキャラクターが違っていて、父が独裁的にさまざまな事業を強行したのに対し、嵯峨天皇は、政治は側近の公家にまかせきりという「君臨すれども統治せず」型の天皇でした。それが幸いしたのか、嵯峨天皇の御世（８０９〜８２３年）は、後に統治の理想ともされる政治的に安定した時代になりました。

その嵯峨天皇は、とにかく子だくさんの帝でした。記録に残っているだけでも、29人の妃との間に、55人の皇子皇女をもうけています。

むろん、55人の子ども全員を皇族として扱うと、国庫が破綻してしまいます。そこで、〝嵯峨政権〟は「臣籍降下」という新手を編み出しました。55人の皇子皇女のうち、32人を皇族からはずして、臣下にしてしまったのです。

ただ、天皇の子どもを並の公家や庶民にまで落とすわけにはいきません。そこで、臣籍に移る子どもには、「源」姓を与え、天皇家の血筋の者であることを明らかにするという、特別の地位を与えました。これを「賜姓皇族」と呼びます。

こうして「源氏」が生まれたわけですが、彼らはその特別な立場のおかげで、要職に就くことができました。彼らの多くは政界に進出し、源常《ときわ》、源信《まこと》、源融《とおる》らは左大臣にまで昇進しています。

その後、嵯峨天皇に続く天皇も、同様の手法をとって、嵯峨源氏に続いて、仁明《にんみょう》源氏、文徳《もんとく》源氏、清和《せいわ》源氏、陽成《ようぜい》源氏、光孝《こうこう》源氏、宇多《うだ》源氏、醍醐《だいご》源氏、村上《むらかみ》源氏、花山《かざん》源氏、三条《さんじょう》源氏、後三条《ごさんじょう》源氏、後嵯峨《ごさが》源氏などが誕生します。

こうして「源氏」という一大勢力が誕生し、そのうち、清和源氏のなかから、源頼朝《よりとも》らが生まれ、同じく賜姓皇族の平氏と戦うのは、嵯峨天皇の時代から、3世紀以上も後のことになります。

古代豪族の最後の抵抗か?

応天門炎上事件

平安京には、朱塗りの巨大な門がありました。「応天門《おうてんもん》」です。その門は、大内裏のなかでも、重要な政務を行う朝堂院《ちょうどういん》の正門に当たり、今でいえば、国会議事堂の正門のような存在でした。

その応天門が突然、燃え上がったのは、清和《せいわ》天皇の時代、866年春の夜のことでした。正史『日本三代実録』によると、この事件は、大納言の伴善男《とものよしお》が、左大臣源信《みなもとのまこと》の失脚を狙って放火したが、後に捕らえられて、伊豆へ流されたということになっています。

ただし、『日本三代実録』はそう書き残しているものの、「正史」は権力者によって編纂されるため、歴史が彼らの都合のいいように書き換えられていないともかぎりません。応天門に火を放ったのが、本当に伴善男だったかどうかは定かではないのです。

なお、伴氏は、飛鳥時代以来、数々の有力者を輩出してきた豪族、「大伴氏」のことです。この時代、大伴親王という皇族がいたため、同じ名前では失礼と、大伴氏は伴氏に名前を変えていたのです。ただ、当時、政界の二大勢力だったのは、藤原氏と源氏であり、伴氏はすでに影の薄い存在になっていました。

さて、この事件の犯人探しは、当初から複雑な経緯をたどります。まずは、後に犯人とされる伴善男が、左大臣の源信を告発します。伴善男は、藤原氏に取り入って、大納言にまで出世していましたが、源信との仲は険悪で、機会があれば、その地位から引きずり下ろそうと狙っていたのです。そんなときに、応天門が炎上したので、伴は「応天門は、もともと伴家がつくったもの。それを呪うため、源信が放火した」と主張し、政敵を攻撃しました。

これを受けて、藤原良相《よしみ》が源信を捕らえようとしますが、良相の兄の藤原良房《よしふさ》（薬子の乱をおさめた藤原冬嗣の子）がこれを阻止します。「取り調べは慎重に」と、暗に源信を弁護したのです。良房は、源信の妹を妻としていたため、自分にも嫌疑がおよぶことを恐れたとみられます。結局、源信が嵯峨天皇の子だったこともあって、清和天皇の取りなしによって無罪となりました。

ただし、話はそれで終わらなかったどころか、大逆転が待っていました。目撃者が現れて、真犯人は伴善男とその息子の伴中庸《なかつね》であると訴えたのです。ただし、その目撃者は、事件から5か月も経ってから現れたうえ、証言したのは、日頃から伴家に私怨を持つ人物でした。

伴は無罪を主張しますが、結局、目撃証言が採用されて、有罪になります。死罪こそ免れたものの、伊豆に流刑となって、これで古代以来の名族伴家は、事実上、滅びることとなりました。伴善男の最期ははっきりとはわかっていませんが、流されて2年後、配所でこの世を去ったとみられます。

一方、この事件捜査を取り仕切った藤原良房は、事件後、摂政となり、藤原北家の勢力をさらに拡大することに成功しました。

菅原道真

他家出身者に対する藤原氏の仕打ちと後処理

菅原道真《すがわらのみちざね》といえば、各地の天神様に祀られている学問の神様。漢学者の家系に生まれ、勉学に励んで、学者として、政治家としての階段を駆け上がった人物です。

ここで、菅原家の歴史を振り返ると、古代豪族の土師《はじ》氏にたどりつきます。土師氏は、古墳の造営や葬儀を司る家系で、後に学者の家系となります。道真は、大学寮（国家公務員の養成機関）に学び、数々の試験に合格。２３０年間で65人しか合格者のいなかった「方略試《ほうりやくし》」という試験も突破して、32歳の若さで、父に次いで、文章博士《もんじょうはかせ》となりました。文章博士の定員はわずか2名で、とりわけ道真は、他に並ぶ学者がいなかったため、ひとりで5年間、その職を続けました。

その後、いったん地方に出て、讃岐国の国司を4年間つとめますが、宇多天皇がその能力に目をつけ、藤原氏を牽制する意味もあって、道真を重職に引き上げます。道真は都に戻ると、やがて参議となって、国の最高幹部の一員に名を連ねました。

むろん、藤原氏が他家の道真の台頭に手をこまねいているわけはありません。立ちはだかったのは、藤原時平《ときひら》です。時平は、道真を遣唐使として中国に送り、都から遠ざけようとします。それに対して、道真は、遣唐大使に任ぜられると、もはや混乱している唐に渡っても学ぶことは少ないと、遣唐使廃止策で切り返します。すでに、唐は内乱・分裂状態にあり、そうした唐から文明・文化を学ぶことはできないと考え、遣唐使の廃止を提案したのです。道真の提案は受け入れられ、長く続いた遣唐使は中止され、道真の予見どおり、唐は10年後、滅びました。

やがて、宇多天皇は醍醐天皇に譲位しますが、宇多は醍醐へ、道真を引き続き要職に留めるよう言い残し、醍醐天皇はこれを聞き入れ、道真を重用します。899年、道真は54歳のとき、右大臣に任ぜられます。学者出身で大臣の座につくのは、ごく稀で、奈良時代の吉備真備《きびのまきび》以来のことでした。

そうして、要職を重ねる道真を藤原一族は邪魔物と見ます。左大臣の藤原時平が中心になって、道真の追い落としを図り、901年、道真が権力奪取のため、醍醐天皇の廃立を図ったという噂を流します。醍醐天皇はこれを真に受けて、道真を太宰府に流します。道真は903年、59歳で、失意のうち、太宰府で病死しました。

道真の死後、都では、落雷、地震などの天変地異が続発します。また、干ばつと洪水で、農作物が大きな被害を受け、さらに疫病が流行りました。

908年には、落雷によって藤原菅根《すがね》が死亡。菅根は、醍醐天皇に道真の左遷を進言したといわれる人物でした。その頃から、凶事が続くのは「道真の怨霊の仕業ではないか」と噂されるようになりました。

翌年、道真追い落としの首謀者・藤原時平が病に伏します。都で評判の験者浄蔵《じょうぞう》が加持祈祷を行うなか、浄蔵の父三善清行が見舞いに行くと、眠っている時平の両耳から、突如として2匹の青い龍が躍り出て、龍は清行に向かってこう告げたといいます。「私は、無実の罪で配流となり、太宰府で死んだ。今、天帝（帝釈天）の許しを得て、生前害をなした者に復讐しようとしている。祈祷など無駄なことだ。邪魔をするな」。

清行は直ちに理解して、浄蔵を連れて屋敷を後にしました。その直後、時平は息をひきとったと伝わります。まだ、909年、時平はまだ39歳の若さでした。

道真の祟りのクライマックスとなったのは、930年の清涼殿の「霹靂神火」でした。その日、清涼殿では、水不足対策を協議するため、左大臣藤原忠平（時平の弟）、大納言藤原清貫、右中弁平希世《まれよ》ら、要人たちが顔をそろえていました。すると、たちまち激しい雷雨になったかと思うと、清涼殿に落雷したのです。

この〝神火〟により、藤原清貫は胸が裂けて死亡。平希世は顔が焼けて死亡するなど、多数の死傷者が出ました。この事件以降、醍醐天皇も体調を崩し、3か月後に亡くなりました。

ここに至って、朝廷は、道真の怨霊を鎮めるため、神社を建立することにします。それが、京都の北野天満宮です。つまり、北野天神は、当初は菅原道真の怨霊を鎮めるための社だったのですが、道真が学問にすぐれていたところから、後世、学問の神様として信仰されることになりました。

また、道真が北野天神に祀られたあたりから、地方へ飛ばされていた道真の息子たちも、京へ呼び戻され、復権します。その後、子孫たちは、菅原家本来の職業である学者や文学者として活躍しました。

とくに、道真の長男・高視の家系は、大学頭《だいがくのかみ》や文章博士を輩出します。また、この系統から『更級日記《さらしな》』を書いた菅原孝標女《たかすえのむすめ》も出ています。

荘園と武士の勃興
平安の〝暴力装置〟武士はどのように登場した?

古代の「律令制」では、土地はすべて国有で、庶民は国から貸し付けられた土地で、農業を営むことになっていました。ところが、人口が増えるにしたがって、割り当てる土地が足りなくなり、朝廷は743年、「墾田永年私財法《こんでんえいねんしざいほう》」を発布します。

これは、「朝廷の許可を受けて開拓すれば、その土地を永久に所有してもいい」とする法律です。面積に制限はあったものの、開拓すれば、その土地を自分のものにすることができるようになったのです。

その後、各地で、農民のなかから有力な開発《かいはつ》領主が現れ、彼らは、所有地を有力な公家や寺社に寄進しはじめます。その寄進した土地がいわゆる「荘園」です。

ただし、寄進といっても名ばかりで、事実上の所有権は開発領主にありました。

開発領主は、有力貴族や寺社に税金よりは少ない金品を上納することで、その権威を借りて、国司の圧力や税金から逃れようとしたのです。たとえば、税を取り立てられそうになったときは、「ここは藤原道長様の土地ですよ。税を取るなら、道長様に言ってくださいよ」のように対応し、徴税を逃れたわけです。

こうして、荘園が全国に広がるなか、開発領主は自らの土地を守るため、武装もしはじめます。それが「武士」のルーツのひとつとなり、やがて彼らは武士団を結成し、勢力を競い合うようになります。

それが、武士のはじまりとされる通説ですが、近年では、武士はいろいろなところから生まれ、武士団は8世紀、つまり奈良時代にはすでに存在していたという説も登場しています。

その説によると、武士団のルーツのひとつは「健児《こんでい》」にあったとされます。健児は、奈良中期の734年に組織された軍隊の一種です。農民から武芸に秀でた者を集め、プロの軍事集団をつくろうとした制度です。地方でも、やがて健児をモデルにした戦士の集団が生まれ、やがて彼らが荘園に雇われ、荘園を防衛する戦力となっていったという説です。

そのようにして、武士団が生まれてくると、平安中期以降、朝廷がその武力を利用しはじめます。朝廷が武士の力に頼った理由のひとつは、「僧兵」に手を焼いていたことでした。比叡山延暦寺や奈良の興福寺の僧侶などが武装して、無理な要求をかかげて、都に入ってくることがあったのです。

僧兵の大半は、農民が頭を丸めて坊主になっただけの〝エセ坊主〟でしたが、それでも貴族たちは「仏罰」を恐れ、彼らに手出しができませんでした。そこで、武士たちを使うことにしたのです。

しかし、そうして武士を政治的に利用したことが、武士の二大勢力だった源氏と平氏にさらに力をつけさせ、後に武士の時代の幕を開けることにつながっていくのです。

平将門の乱

将門は、朝廷の軍に敗れたわけではない

10世紀前半、平安前期最大の内乱が起きました。「平将門《まさかど》の乱」です。

平将門は、下総の豪族に生まれました。父の平良持は、桓武天皇の曾孫・高望王《たかもちおう》の三男であり、賜姓皇族の桓武平氏の末裔です。なお、高望王は、上野国の国司として関東に下り、任期が終わっても、都に戻らなかった人物です。

将門の若い頃の夢は、都で任官する（役職を得る）ことでしたが、十数年間、都に滞在したものの、任官はかないませんでした。

あきらめて関東に戻ったところ、長年、留守にしている間に、領地を伯父たちにかすめ取られていました。当時の関東は、身内でさえ、安心できる相手ではなかったのです。そうして、935年頃から、将門と伯父たちとの間で、小競り合いがはじまりました。大乱の発端は、平家一門の土地をめぐる内輪もめだったのです。

その間、将門も伯父たちも、朝廷に訴え出るのですが、朝廷は一族内の私闘として扱い、深入りを避けます。やがて、将門は、内紛を優勢に進めるなか、関東地方の実力者として名をあげていきます。将門のもとに、他の紛争を調停する依頼が多数寄せられるようになったのです。

そのなか、939年、常陸の藤原玄明《はるあき》が、租税の滞納などで、藤原維幾《これちよ》らに追われ、将門を頼ってきます。当時、将門のもとには、やはり桓武天皇の流れをひく興《おき》世王《よおう》がいて、興世王は玄明をかくまうよう進言します。将門はこれを受け入れ、保護することにしました。

そして、将門は1000余りの軍勢で、常陸の国府を襲い、藤原維幾を降伏させ、官の印鑑を奪いとります。それまで、将門はいわば私闘に明け暮れていたのですが、これで朝廷に対して反旗を翻したことになりました。

その将門をさらにそそのかしたのが、興世王です。興世王は、「常陸一国を討つも、板東8か国を討つも、罪は同じ」と、板東制圧をけしかけます。将門はその気になり、板東制圧に向かうのです。

将門の軍勢は、下野を攻めて降伏させ、次いで上野に侵攻。上野の国府に入った将門は、「新皇」（新しい天皇）と名乗ります。将門は桓武天皇の血をひいているので、自分も天皇になる資格があるとしたのです。そして、除目《じもく》式（官職を任命する儀式）を行います。軍勢は、その後、武蔵、相模、伊豆にも進出しました。

一方、その頃、瀬戸内海では、藤原純友《すみとも》が乱を起こしていました。朝廷は、東西の反乱にあわてふためきますが、やがて、まずは将門討伐を優先し、軍勢の派遣を決定。藤原忠文《ただふみ》を征東大将軍に任じて、翌940年、軍勢を出発させます。

都で将門討伐の動きが進むなか、板東で打倒将門を目指していたのが、平貞盛《さだもり》です。貞盛は、発端となった一族の内紛の際、将門に父を殺されていました。その恨みを晴らすべく、下野押領使の藤原秀郷《ひでさと》（俵藤太）を頼ります。秀郷は貞盛の頼みに応じ、朝廷はこの２人にも将門追討の命を与えます。

平貞盛・藤原秀郷の連合軍は、下野で約４０００の兵を挙げ、将門のすきを突きました。将門は、やがて到来するであろう都からの遠征軍に備え、兵に休養をとらせるため、いったんそれぞれの領地に返していたのです。将門は、平貞盛らの挙兵に対して、急いで動員をかけますが、１０００余りの兵しか集まりませんでした。

それでも、将門は、軍勢を下野に進出させ、藤原秀郷らの軍勢と戦いますが、大敗し、退却するしかありませんでした。

これを、貞盛・秀郷連合軍が追撃して下総に入り、将門の軍勢に襲いかかります。将門はここでも退却。勢いに乗る連合軍は、将門の館を焼き払いました。

ここに至って、将門は、わずかな手勢を率いて、連合軍との決戦を決意します。将門の軍勢は、猿島郡北山に布陣し、連合軍と相まみえました。当初は、風上から攻勢をかけ、連合軍を押しに押しましたが、途中で風向きが変わり、乱戦状態となり、日没が近くなります。

両軍が兵を退こうとしたとき、秀郷方から矢が放たれ、それが将門の額を貫きました。この矢1本で将門は絶命、合戦は終結、平将門の乱は終了しました。「新皇」と称してから50日余りのことでした。

というわけで、平将門というと、「朝廷軍に鎮圧された」という印象をお持ちの人もいるかもしれませんが、実際には、朝廷軍の到着前に、将門は討たれ、乱は終わっていたのです。

ここで、将門と同時期に、瀬戸内海で反乱を起こした藤原純友についても、触れておきましょう。

純友は、藤原北家の実力者・藤原基経《もとつね》を大叔父にもっていましたが、早くに父が亡くなって後ろ楯を失ったため、公家社会での出世を断念。都を離れ、瀬戸内の海賊を鎮圧する任務にあたっていました。

そもそも、瀬戸内海の海の民は、遣唐使船の中継地として稼いでいましたが、遣唐使が廃止されると、主要な収入源を失い、海賊化していたのです。純友は当初、その海賊を退治していたのですが、伊予国に住み着くうち、鎮圧するどころか、海賊のリーダーにおさまります。海賊退治の手柄を他の者に横取りされ、中央に不満を持ったことが、その動機だったとも伝わります。

そして、純友は、伊予国の日振島《ひぶりじま》を根城にして、周辺海域を荒らしまわり、東で将門が反乱を起こしたのと同時期に、瀬戸内の海賊を率いて、将門と同様、国司を襲撃し、中央に反旗を翻し、朝廷の敵となったのです。

しかし、東国で将門が討ち取られると、朝廷軍は、今度は西に兵を派遣します。純友は根拠地を追われ、藤原純友の乱は終了しました。純友は、九州方面に逃亡したとみられますが、その最期はよくわかっていません。

平将門の首塚
京都でさらし首でも首塚はなぜか東京に…

平将門が、平貞盛・藤原秀郷連合軍に討たれたのは、今の茨城県の南西部あたり。その後、将門の首は京に持ち帰られ、さらし首にされます。それなのに、今、平将門の首塚は、東京・大手町のビジネス街の真ん中にあります。なぜでしょうか？

大手町の首塚に掲げられた「将門首塚の由来」によると、平安京でさらされていた将門の首は、「三日後、白光を放って、東方に飛び去り、武蔵国豊島郡芝崎に落ちた。大地は鳴動し、大洋も光を失って暗夜のようになったという。村人は恐怖して塚を築いて埋葬した。これ即ち、この場所であり、将門の首塚と語り伝えられている」といいます。つまり、将門の首は、京都から関東まで、はるばる空を飛んできたというのです。

その理由は、伝えられるところによれば、「切り離された胴体と合体して、もう一度戦おうとした」とも、「関東に桔梗前《ききょうのまえ》という恋人がいたので、逢うために飛んできた」とも伝えられます。いずれにせよ、今の大手町付近で力尽きて落ちたことになっています。

むろん、「京都から東京まで、首が飛んできた」というのは、荒唐無稽すぎる話であり、現実的な説としては、将門の家臣が首を盗み、国元に届けようとしたものの、途中で力尽きてこの地で息をひきとり、それを哀れんだ人々が、その首を埋葬して弔った——という話も伝わっています。

前九年の役・後三年の役

源氏が東国で名をあげた戦い

平将門の乱から100年余りたった11世紀の半ば、やはり東国で戦乱が起きました。今の東北地方北部を舞台にした「前九年の役・後三年の役」と呼ばれる戦いです。

ここで、戦いに至るまでの東国の様子を述べておきましょう。まずは、今の関東地方です。

平安前期、この地域では、武士勢力が着実に力をつけ、各地に武士団が生まれていました。なかでも大きな力を持っていたのが、清和天皇を祖とする源氏と、桓武天皇を祖とする平氏の武士団です。

その後、11世紀になると、源氏が東国で勢力を伸ばしました。同世紀の前半、関東で起きた平忠常《ただつね》の乱を鎮圧したのをきっかけに、関東への足がかりを得、そして「前九年・後三年の役」という北奥羽で起きた二つの戦乱を平定したのです。

一方、現在の東北地方は、古来、中央政府の力がおよびにくい地で、「蝦夷《えみし》」と呼ばれた人々が多く暮らしていました。当時、陸奥国は安倍氏、出羽国は清原氏という土着の豪族が支配し、朝廷から派遣された国司は、彼らを介して間接統治していました。もっといえば、国司は任命されても東北地方には向かわずに京都にいることが多く、税さえ納めてくれれば勝手にやってくれていいというのが、中央政府の姿勢でした。

そうした状況のなか、まず「前九年の役」（1051〜62年）が勃発します。この戦いは、豪族の安倍氏と、陸奥・出羽国の国司の争いを発端とします。安倍氏は、頼良《よりよし》の代に強力な勢力を築き、やがて頼良は国司の命に従わなくなり、独立国のように振る舞いはじめます。

要するに、税金を払わなくなったのです。そこで、国司は討伐軍を出しますが、安倍一族の軍勢にまったく歯がたちませんでした。

朝廷は急遽、武力にすぐれた源頼義を陸奥守に任じて、安倍氏の討伐に向かわせます。安倍一族は源頼義といったん和睦しますが、その国司としての任期が終わろうとする1056年、戦いが再燃します。

そのとき、陸奥地方では飢饉が起き、国司の軍は飢え、力を落としていました。一方、安倍氏側は、頼良のあとを継いだ貞任《さだとう》が兵をうまくまとめ、1057年、国司軍を破ります。

国司側は独力で勝てないと悟り、出羽国の清原一族に援軍を仰ぎます。清原一族は、やがてこれに応じ、1062年に兵を出します。

国司・清原連合軍は戦いを優勢に進め、安倍側の柵（砦のようなもの）を突破、残すは厨川《くりやがわ》の柵だけとなりました。ここでも安倍側は敗れ、安倍貞任は討ち死に、安倍氏は滅亡しました。ここまでが「前九年の役」です

安倍氏の滅亡から約20年後、今度は、清原一族で内紛が起き、それが「後三年の役」（1083〜87年）の発端となりました。

前九年の役で源氏を助けた清原一族は、安倍氏の領土を手に入れ、勢力を強めていました。その富と力の分配をめぐり、真衡《さねひら》が当主のとき、内紛がはじまったのです。

やがて、真衡が死去すると、真衡の弟の清衡《きよひら》と家衡《いえひら》が対立を深め、1086年、家衡が清衡の館に火を放ち、妻子を殺害します。清衡自身は何とか脱出し、陸奥守

の源義家（頼義の子）を頼ります。

義家は清衡を援助し、家衡を討つべく、家衡の籠もる沼柵を包囲します。だが、柵を突破できず、囲みを解かざるをえなくなりました。

そのすきに、家衡の手勢は、より堅固な金沢柵にこもります。義家は力攻めをあきらめて、兵糧攻めに切り換えます。秋も深まった頃、ようやく金沢柵の食糧が尽き、家衡の軍勢は、やむなく突撃を開始します。しかし、待ち構えていた頼義軍に惨敗し、家衡は捕らわれ、殺害されました。

こうして、源氏の活躍によって、後三年の役は終結しましたが、朝廷は、源氏が東国でさらに力をつけることを警戒して、この戦いを「私戦」と見なし、義家に恩賞を与えませんでした。そこで、義家は、私財を投じて、ともに戦った武士たちに報います。このことで、源氏は東国でさらに信望を集め、後に源氏が東国武士の棟梁の座を確立する礎となりました。

その後、義家が去ったあと、東北地方では、清原家出身の藤原清衡が力を高め、以後、源頼朝に滅ぼされるまで、約1世紀にわたって「奥州藤原氏」が東北地方で栄えることになります。

藤原北家

その権力の系譜を読み解く

約400年続いた平安時代は、大きく3つの期間に分けることができます。

第一の期間は、桓武天皇から、約60年間続いた天皇親政の時代、少なくとも天皇が政治の中心だった時代です。次いで、二つめの時代は、藤原氏（藤原北家）が政治を牛耳った約230年間です。藤原良房が臣下として初めて「摂政」になった858年から、天皇家が藤原氏から権力を取り戻し、院政をはじめた1086年までの期間を指します。そして、第三は、天皇家と平家が権力を握った約100年間です。天皇家は藤原氏から権力を取り戻すものの、それを平家に奪われ、源平の争乱に至る時代であり、院政開始期から、平安時代の終わりまでを指します。

この項では、平安時代の半分以上の期間、実権を握っていた藤原氏の歴史を振り返ってみましょう。

藤原氏は、乙巳《いっし》の変（大化の改新）で活躍した中臣鎌足が、藤原姓を賜ったことにはじまり、まずは鎌足とその息子の不比等が、朝廷内で大きな力を握りました。

そして、不比等の4人の子（武智麻呂、房前、宇合、麻呂）の代で、藤原家は南家、北家、式家、京家の四家に分かれ、平安初期の9世紀、房前を祖とする「藤原北家」が大きく台頭します。

房前の孫の内麻呂《うちまろ》が右大臣、その子の冬嗣が左大臣に出世し、前出の応天門炎上事件で暗躍したその次男の良房が、天皇家以外では初の摂政となりました。さらに良房の甥（後に養子）の基経《もとつね》は、日本史上初の関白になります。そして、菅原道真を左遷に追い込んだ時平へと続き、藤原北家は、冬嗣、良房、基経、時平の4代でライバルを次々と潰すことに成功するのです。

天皇家にしても、嵯峨天皇のあと、仁明、文徳、清和、陽成、光孝、宇多（菅原道真を重用）、醍醐（天皇親政を試みる）と続くのですが、この時期の天皇名があまり知られていないのも、天皇家が政治的な実権を藤原北家に奪われたからです。

承和の変や阿衡《あこう》の紛議といった政変でも、藤原北家は勝利し、橘氏などの他の一族を弱体化させ、また藤原氏内の他の系統も圧迫し、力を削いでいきます。

こうして、9から10世紀にかけて、藤原北家は、摂政・関白の地位を占める「摂関家」として権勢をふるいます。なお、「摂政」は、幼少の天皇の後見人として、政務を担当する官職、「関白」は、成人した天皇のもとで政務を行う官職です。

こうして、藤原北家が権力を一手に握るなか、皇族や他家の公家たちには、権力闘争に敗れ、不遇をかこつものが続出しました。

たとえば、恒貞《つねさだ》親王もそのひとり。同親王は皇太子でしたが、842年、道康親王の擁立を狙った良房によって、皇太子の座を追われます。これが「承和の変」と呼ばれる政変です。その後は、道康親王が即位し、良房は外戚として権力をふるいました。むろん、菅原道真も、藤原北家との権力闘争に敗れ、辛酸をなめた者のひとりです。

なお、鎌倉時代以降は、「藤原氏」という名前をあまり聞かなくなりますが、それは藤原氏が増えすぎたため、「五摂家」に分かれ、藤原という氏族名ではなく、近衛家や九条家といった家名を使うようになったからです。

まず、藤原北家は、近衛家と九条家に分かれ、さらに近衛家から鷹司《たかつかさ》家、九条家から二条家、一条家が分家して、いわゆる五摂家が成立しました。そして、安土桃山時代の豊臣家を除いて、江戸・幕末に至るまで、摂政・関白を独占したのです。その時代は、統治の実権は武士が握っていたので、摂政・関白という役職は形骸化はしていましたが、それでも公家社会ではトップの座にあったことは間違いありません。

また、この国には、佐藤、伊藤、近藤、加藤など、「藤」のつく名前を持つ人が多数いますが、これは藤原氏がさまざまに分かれながら、地方にも根づいてきたからです。たとえば、日本で最も多い「佐藤」は、藤原秀郷を源流とし、その「佐」は「左衛門尉」の略とする説や佐野の藤原氏、佐渡の藤原氏を意味するなどの説があります。また、「伊藤」は伊勢国の藤原氏、「近藤」は近江国の藤原氏、「加藤」は加賀の藤原氏に由来するとみられます。

藤原道長

藤原北家の〝統治システム〟を完成させた政治家の生涯

平安中期は、〝お飾り〟といっていい天皇が続き、摂関家（藤原北家）が思いのままに政治を操りました。その藤原北家は、藤原時平（909年没）、忠平（時平の弟、949年没)、師輔《もろすけ》(忠平の子、960年没)と続き、そして藤原道長の父の藤原兼家《かねいえ》(師輔の子、990年没)が権力を握ります。

兼家は、藤原道長の父であり、『蜻蛉日記《かげろうにっき》』を書いた藤原道綱《みちつな》母の夫でもありました。じつは、『蜻蛉日記』は、兼家に対する愚痴を書きつらねた本といえ、兼家に関する重要史料にもなっています。

そして、いよいよ藤原北家の最盛期を築いた藤原道長の時代を迎えます。

道長は966年、摂政・関白をつとめた兼家の三男として生まれ、若い頃は兄たちがいたこともあって、出世コースとは無縁のところにいました。父の兼家が死ぬと、まずは兄らが摂政となりますが、兄たちが次々と病気で亡くなって、道長は昇進、さらに甥の伊周《これちか》との争いに勝利して、摂政・関白に準ずる「内覧」という地位につきました。

こうして、権力の中枢に入り込んだ道長は、その後は自分の子どもを天皇家に嫁がせることに注力します。権力奪取・維持に「政略結婚」は欠かせませんが、日本史上、藤原道長ほど、政略結婚をうまく利用した政治家はいませんでした。

まず、道長は、長女の彰子に「家庭教師」をつけて、天皇の気に入るような女性に育てあげます。その家庭教師をつとめたのが、『源氏物語』を書いた紫式部です。
そうして、道長は、まず彰子を一条天皇に嫁がせた後、次女を三条天皇に、三女を長女の生んだ後一条天皇に輿入れさせることに成功します。30年にわたって権力をほしいままにしました。

その権力の絶頂期、道長は自分の栄華を誇り、詠んだのが、「此の世をば　我が世とぞ思ふ　望月《もちづき》の　かけたることも　なしと思へば」という有名な歌でした。

そのようにして、権力を手に入れた道長でしたが、政治家としては、けっして独裁者ではなく、政策に天皇の意向を反映させ、政敵に対しても、ただ追い詰めるのではなく、それなりに処遇していました。たとえば、政敵の敦明《あつあきら》親王を皇太子の地位から追い落としたときには、親王に多くの所領と院号まで与えています。そういう、目配り・気配りのきいた政治力が藤原道長の権力と栄華を支えていたのです。

その後、道長の子・頼通《よりみち》も、真面目で優秀な人物で、摂政・関白を滞りなくつとめます。しかし、問題は、天皇の后として入内させた娘に息子が生まれなかったことで、これが、藤原氏衰退の原因となります。そして、藤原氏の外戚をもたない後三条天皇が即位、それとともに藤原北家の力は衰えていきます。その後、「摂関政治」の時代が終わりを迎え、「院政」の時代がはじまるのです。

院政

天皇家は、どうやって権力を奪い返し、再び失ったか

平安中期、藤原北家は、娘を天皇に輿入れさせ、娘が生んだ男児を天皇にすることで、天皇の外戚として摂政や関白（摂関）となって、政治の実権を握りました。この統治システムが「摂関政治」です。

しかし、このシステムは、「運」に左右されるところがありました。天皇家に輿入れした娘が首尾よく男の子を生むとは限らないからです。実際、前述したように、頼通の時代に皇子が生まれなかったため、摂関政治は衰退していきます。政治権力は、天皇の父の「上皇」や「法皇」へと移り、時代は「院政」の時代へと移っていったのです。

院政は、天皇が息子に譲位し、自分は「上皇」（出家した場合は、法皇と呼ばれます）となって政治を行うシステムです。1086年、白河上皇が、8歳の善仁《たるひと》親

王（堀河《ほりかわ》天皇）に譲位後、後見人となって「院庁《いんのちょう》」を開設したのが、そのはじまりとされます。

ただし、院政への足がかりを作ったのは白河天皇の父の後三条天皇でした。後三条天皇の母は、藤原摂関家の出身ではなかったので、藤原氏に遠慮する必要がありませんでした。加えて、即位時、すでに35歳の壮年だったため、自ら政治を行うことができたのです。

その後、後三条天皇は、在位4年で、息子の白河天皇へ譲位。上皇として自由な立場で政治を行う、つまりは院政をはじめるつもりだったようですが、翌年、病没してしまいます。その遺言には、次の後継者だけでなく、その次の後継者まで定めてありました。藤原摂関家の政治支配から実権を取り戻すことが、後三条上皇の悲願だったのです。

白河天皇もまた上皇となって、堀河、鳥羽、崇徳《すとく》の三天皇の在位期間、延べ43年間にわたって「治天《ちてん》の君《きみ》」（天皇家の家長であり、最大の実力者）として、政界に君臨しました。

院政期、政治の仕組みは大きく変わり、その中枢機関は「院庁」という、上皇の御所に設置された役所でした。院庁は律令に定められた公式の機関ではありませんでしたが、その命令には誰も逆らえませんでした。

その背景には、院が、政治権力だけでなく、軍事力も強化していたことがありました。上皇は「北面《ほくめん》の武士」という武芸に秀でた侍を集めた親衛隊を組織したのです。

しかし、そのように武士を重用した結果、平氏や源氏の台頭を許して、彼らに政権を奪われる事態になっていきます。それについては、後ほど、「源平」の章で、ご紹介しましょう。

渤海使節
奈良・平安期に34回も外交使節を送ってきた「外国」

「渤海《ぼっかい》」は7世紀末、今のロシア沿海地方に興った国です。高句麗の遺民である大祚栄《だいそえい》によって建国されました。

その渤海は、奈良時代から平安時代にかけて、わが国に頻繁に使節を送ってきました。その回数は、727年から、928年に渤海が滅亡する直前の926年までの間に、34回にものぼります。

渤海使節の目的は、初期は、政治的、軍事的な同盟関係を求めるものでした。8世紀前半、中国の唐は、新興国の渤海を警戒していました。そこで渤海は、日本と親交を結ぶことで、それに対抗しようとしたのです。

しかし、その後、渤海は、外交方針を転換し、唐との融和を図るようになります。それでも、渤海は、日本に交易を求めて、使節を送り続けてきました。実際、その使節などを通して、交易が行われていました。

渤海使節は、日本にとって珍しいものをもたらしました。テン、アザラシ、トラなどの毛皮やハチミツ、薬用ニンジン、三彩陶器などです。

日本からは、黄金や水銀などの金属、絹や綿の繊維製品、扇などの工芸品が持ち帰られました。そのうち、水銀は青銅仏の制作に使われたほか、不老不死の妙薬として珍重されたと伝わります。

渤海使節がもたらした重要なものに、「暦」がありました。859年に訪れた使節が、唐でつくられた長慶宣明暦を朝廷に献上したのです。朝廷はそれを受けて、この新暦を採用しました。

ただ、唐では、その20年後、この暦を廃止しますが、日本では、遣唐使が途絶えはじめていた時期であったため、そのことを知らずに、この暦を江戸時代、貞享暦に変えるまで、823年間も使い続けることになりました。

刀伊入寇

平安朝は、女真族の襲来をどのように撃退したか？

元寇以前にも、日本に外敵が上陸したことがあります。1019年、50隻、乗員3000人ほどの船団が対馬、壱岐を襲い、村々を焼き、住民を虐殺したのです。船団はさらに南下して、九州にも上陸しようとしました。

彼らは、「刀伊《とい》」と呼ばれた女真族の海賊船団でした。ただし、当初は、その正体がまったくわかりませんでした。日本にとっては、正体不明の海からの侵略者だったのです。

まず、大宰《だざいの》権帥《ごんのそち》として、九州を治めていた藤原隆家が、壱岐から逃げ出してきた僧侶の知らせで、事態を知ります。すぐに、九州の豪族や武士たちを緊急招集し、この敵を迎え撃ちます。

隆家軍は、九州に上陸しようとする敵と、水際で攻防戦を繰り広げます。当初、隆家側は劣勢を強いられますが、なんとか持ちこたえます。すると、このときも「神風」が吹き、敵の動きが鈍ったすきに反撃、撃退に成功します。この一連の侵略と戦いを「刀伊の入寇」と呼びます。

刀伊を撃退できたのは、隆家をはじめとする役人や武士の活躍があってのこと。しかし、朝廷は、この危機に無策だったばかりか、功労者への恩賞も渋る始末でした。

ところで、刀伊と呼ばれた海賊は、なぜ日本を襲ったのでしょうか。彼らの目的は、「拉致」にあったとみられています。対馬、壱岐を襲った賊は、老人と子どもは斬り殺し、成人男女は拉致したのです。

彼ら女真族には、農耕の習慣がなかったため、農耕民族の男女を拉致して働かせ、食料を確保していたとみられます。日本を襲ったのも、そうした働き手の確保が目的であった可能性が高いのです。

2章

源氏物語と王朝文学の世界

読みはじめたらとまらない

紫式部

現在、どこまでのことがわかっているか

平安時代、最大の文学作品といえば、なんといっても『源氏物語』です。その作者の紫式部《むらさきしきぶ》は、ひじょうに有名な人物であり、2024年の大河ドラマの主人公でもありながら、謎の人物でもあります。まず、生没年からして、はっきりわかっていません。確かなのは970～978年頃に生まれ、少なくとも1019年までは存命していたことくらいです。

また、彼女は「本名」もわかっていません。「紫式部」という名は、彼女の本名ではないのです。「式部」は、漢学者だった父・藤原為時《ためとき》の役職・式部大丞《しきぶたいじょう》に由来し、「紫」は『源氏物語』に登場する人物「紫の上」にちなんでつけられたとみられます。つまり、紫式部という名は、彼女の通称であり、いわばペンネームだったのです。

ただ、当時の女性の本名がわからないのは、さほど珍しいことではありません。

当時は、男女とも、子どもの頃は幼名で呼ばれ、男性は元服時、正式の名を与えられましたが、女性の場合はそうした機会がなく、生涯、幼名で通す人が多かったのです。

また、紫式部のような女官には、正式の名があったはずですが、当時はむやみに本名を明かさないのが慣習でした。名前には魂がこもり、人に知られると、呪いに使われる恐れがあると考えられていたからです。とりわけ、女性にとって、本名を教えることとは、結婚を承諾するのと同じくらい重要なことでした。

というようなわけで、当時すでに、彼女の本名を知っていた人は少なかったとみられ、はっきりとは伝わっていないのですが、いくつかの説は唱えられています。最有力なのは、彼女のスポンサーだった藤原道長の日記で国宝の『御堂関白記《みどうかんぱくき》』に登場する「藤原香子」という女官名です。この女官が紫式部だったのではないかとみられるのです。

その名は「かをりこ」、あるいは「たかこ」と読むとみられ、『源氏物語』に登場する人物名、薫大将《かおるだいしょう》や匂宮《におうみや》などの名は、この名に関係するという説もあります。

紫式部は、なぜ、あれほど壮麗な「恋の物語」を書けたのでしょうか？

この項では、彼女自身の恋愛・結婚生活を振り返ってみましょう。

一般的に、紫式部という女性は、男性を魅了するようなタイプではなかったとみられています。結婚したのは、当時としては晩婚の27歳前後。相手は、藤原宣孝《のぶたか》で、紫式部よりも20歳近くも年上の遠縁にあたる中級の公家でした。その宣孝は、紫式部のほかに3人の妻がいたほか、多くの愛人を抱えていました。

宣孝が紫式部を妻に選んだのは、やはり彼女の才能を面白いと思ったからのようです。その証拠は『紫式部日記』の次の一節です。宣孝は、紫式部からの手紙をほかの愛人たちに見せびらかしたという記述があるのです。「これが、才女の手紙というものだよ」のように、宣孝が愛人たちに自慢したため、紫式部とケンカになったという話です。

2人の間には娘がひとり（後の大弐三位《だいにのさんみ》）が生まれますが、そのあとは、宣孝の足はじょじょに紫式部から遠のいていきます。

そして、結婚からわずか2年後、宣孝は疫病で亡くなってしまいます。以後、紫式部は、独り身となって「物語」を書きはじめます。それが『源氏物語』であり、公家社会で回し読みされるなか、評判を呼びます。それを知ったのが、当時の実力者の藤原道長であり、紫式部は道長にスカウトされ、1005年から宮中生活がはじまるのです。

なお、「紫式部は、藤原道長の愛人だった」という説があります。南北朝時代の史料に、紫式部に関して「御堂関白道長妾云々」という記述があり、それらにもとづいて、紫式部が道長の「召人」だったとみる研究者は少なくありません。「召人」とは主人につかえながら、体の関係もあった女官を意味します。

源氏物語
日本を代表する古典文学をめぐる五つの疑問

1「昔は、いろいろなタイトルがあった」って本当?

『源氏物語』は、手で書き写す「写本」によって伝わってきましたが、その写本には、さまざまな題名が記されています。『源氏の物語』、『光源氏の物語』、『光源氏』、『源氏』、『源氏の君』などです。

その一方、「紫」をキーワードにしたタイトルも多く、『紫の物語』、『紫のゆか

守をつとめたことから、こう呼ばれます。
ほかに「別本」と呼ばれる、青表紙本系でも河内本系でもない写本もあります。

5 「源氏物語は、日本最古の小説ではない」って本当？

『源氏物語』を「日本最古の小説」というのは間違い。『竹取物語』や『うつほ物語』のほうが古いとみられています。

光源氏

結局、そのモデルは誰なのか

『源氏物語』の主人公の光源氏には、「モデルがいた」とみる研究者は少なくありません。これまでモデルとされてきた人物は多数いて、藤原道長、藤原伊周《これちか》、源融《とおる》、源高明《たかあきら》、菅原道真らの名があがってきました。
まず、藤原道長は、同氏の黄金時代を築いた実力者であり、紫式部のスポンサーでもあった人物。紫式部が、道長の姿を身近で見るうち、彼をモデルとして光源氏像をつくりあげたと考えるのは、無理のないことでしょう。ただし、道長には、光源氏のような、政治的に不遇の時期や好色だという噂はありませんでした。

次に、藤原伊周は道長の甥にあたり、父の関白・藤原道隆の死後、叔父・道長との後継者争いに敗れた人物です。権力の頂点にはのぼれませんでしたが、学識に溢れ、すぐれた詩を詠んだという点では、光源氏のモデルの条件をそろえています。

源高明は醍醐天皇の子であり、左大臣にまでのぼりましたが、後に太宰府に流されています。その点が、光源氏が須磨に追放されるところと符合します。ただ、高明は、光源氏のように中央政界で返り咲くことはできませんでした。

源融は嵯峨天皇の子であり、権勢は藤原氏におよびませんでしたが、河原院という大邸宅を構え、同院が、光源氏の住まい「六条院」のモデルではないかとみる研究者もいます。また、彼は容姿端麗で、文才にも恵まれていました。

菅原道真は、学識に溢れていた点で、光源氏と共通します。また、太宰府に流されたことも、光源氏の須磨へ下った点と似ています。

ほかにも、在原業平、敦慶《あつよし》親王（宇多天皇の皇子）などが、モデル候補として挙げられてきました。いずれも容姿端麗で、学問に優れ、和歌・管弦に通じていたうえ、色好みとしても知られる人物です。

以上のように、光源氏のモデルとしてあげられた人物は多数いて、ひとりに絞るのは難しい状態です。紫式部は、以上のような人物のキャリアや性格を組み合わせて、光源氏というキャラクターを造形したとみる研究者もいます。

多彩な登場人物
ほかの登場人物にもモデルはいるか

まず、光源氏の父の「桐壺帝」のモデルは、醍醐天皇ではないかという見方があります。『源氏物語』の描かれる1世紀弱ほど前の帝ですが、その御代は天皇親政の時代であり、「延喜の聖代」として、紫式部の時代には、すでに理想化されていました。

一方、「桐壺更衣（光源氏の母）」のモデルは、花山天皇の寵姫だという説があります。天皇の寵愛を受けますが、若くして亡くなった女性です。

また、光源氏が愛した女性のひとり、「空蝉」のモデルは紫式部自身だったとみる研究者もいます。「空蝉」は、受領クラスの後妻であり、夫を亡くした境遇が、紫式部と重なるからです。また、空蝉が身を寄せていた家は「中川のあたり」とありますが、そこは紫式部の家があった場所でした。その容貌も、「目が少し腫れたようで、鼻筋が通っていなくて、みずみずしさがない」といった記述が、あまり魅力的ではなかったという紫式部を思わせるところがあります。

光源氏をめぐる女性たち
登場する女性たちのキャラクターを分析する

この項では、『源氏物語』に登場する数々の「女性」をざっと紹介してみましょう。

まずは、「光源氏の初体験の相手だった女性」は、物語に現れているところでは、最初の妻の「葵《あおい》の上」です。源氏は12歳で、４つ年上の葵の上と結婚しています。ただし、当時の風習として、それ以前に、乳母に手ほどきを受けていたとは考えられます。

その後、光の相手は、物語の上では、軒端荻《のきばのおぎ》→夕顔《ゆうがお》→藤壺《ふじつぼ》→末摘花《すえつむはな》→源典侍《げんのないしのすけ》→朧月夜《おぼろづきよ》と続きます。ただし、描写はないものの、藤壺とは、もっと早い時期に関係をもっていたとも考えられます。

源氏自身と女性の年齢のわかるところでは、源氏はまず12歳で葵の上（当時16歳）と結婚、17歳のときに19歳の夕顔と、18歳のときに23歳の藤壺と関係を結びます。19歳のときには、源典侍と関係をもちますが、そのとき源典侍はなんと57〜58歳でした。

そして、光源氏は22歳のとき、14歳の若紫（後の紫の上）を見初めます。そして、27歳のとき、明石の君（当時18歳）と、40歳のとき、女三の宮（当時14〜15歳）と結ばれます。後半は、ずいぶん若い女性を相手にしているようですが、これはけっして源氏が特別だったわけではなく、当時の公家社会では、10代前半での結婚が当たり前のことだったのです。

一方、登場する女性を正式の「妻」だったかどうかという点で分けると、妻だった女性は、葵の上、紫の上、末摘花、花散里《はなちるさと》、明石《あかし》の君、女三の宮。そのうち、源氏最愛の妻だったのは、紫の上でした。一方、愛人は、夕顔、朧月夜、六条御息《みやす》所《どころ》らでした。

また、女性をタイプ別に分けると、紫の上は中肉中背の美女で、母の桐壺とよく似ています。末摘花は痩せた胴長の醜女、明石の君は長身、女三の宮は美少女というように、紫式部は女性像を描き分けています。

高価な装飾をふんだんに施すことができた理由

源氏物語絵巻

国宝『源氏物語絵巻』は、日本四大絵巻のひとつ。制作されたときには、『源氏物語』五十四帖のすべてが、各1〜3場面ずつ描かれていたので、１００面を超えていたとみられます。現存するのは19面で、現在、徳川美術館が15面、五島美術館が4面を所蔵しています。

この作品は、かつては「隆能源氏《たかよしげんじ》」と呼ばれていました。平安時代末期の絵師、藤原隆能がひとりで描いたと考えられ、そう呼ばれていたのです。

しかし、その後、この説は否定されて、今では画風や筆致の違いから、５つの制作グループ、複数の絵師によって、分担制作されたとみられています。そのため、今では「隆能源氏」とは呼ばれなくなっています。

制作年代は、料紙（用紙）や本文の書風などからみて、紫式部の執筆から約100〜150年後の12世紀の前半のこととみられています。その時期は、白川院から鳥羽院の院政期（1086〜1156年）に当たり、絵巻に高価な絵の具や金銀の装飾がふんだんに用いられていることから、この時代のトップに近い人物の命によって、制作されたと推定されています。

王朝文学

この時代、多数の〝女流作家〟が現れた背景

ご承知のように、平安時代には、紫式部以外にも、清少納言《せいしょうなごん》や和泉式部《いづみしきぶ》、藤原道綱《みちつな》母ら、多数の女流作家が現れました。彼女らが筆をとった第一の理由は、「仮名文字」が誕生したことでした。

奈良時代までの日本では、「文字」といえば、漢字のことでした。平安時代の初

期も、公文書はすべて漢文で書かれ、日本の固有名詞も、漢字で表されていたのです。

そんな不便を解消するため、日本語をより自由に表記する方法が、古代から模索されていました。奈良時代には、漢字の音訓を用いた「万葉仮名」が生まれ、平安時代になると、万葉仮名を使いやすくした仮名文字が生まれました。

この仮名文字の登場によって、日本語を漢字と仮名文字の組み合わせで、比較的自由に表現できるようになりました。また、それ以前、漢文を書けるのはほぼ男性に限られていましたが、仮名文字の登場によって、文字は男性の独占物でなくなり、女性にも書けるものになりました。

その一方、平安時代の宮廷では、皇后らに仕える女官（女房）が必要とされるようになっていました。彼女らは、家柄だけでなく、才能によっても登用され、紫式部や清少納言は後者の代表格です。紫式部、清少納言、和泉式部はいずれも、上級の公家ではなく、中級公家の受領階級の出身でした。

平安時代の後宮の特徴は、男性も自由に出入りできたことです。江戸時代の大奥のように、男子禁制の場ではなかったため、紫式部らは、藤原道長をはじめとする男性と接することができました。そうした経験も、文学を生み出すのに役立ったともいえます。

日記文学

平安貴族は、なぜ日記をつけるようになったのか

平安時代の特徴のひとつは、「日記文学」が多いことです。紫式部の『紫式部日記』、藤原道綱母の『蜻蛉《かげろう》日記』、藤原孝標女《たかすえのむすめ》の『更級《さらしな》日記』など、女流の日記文学が多数残っています。

ただ、実際に日記をよくつけていたのは、男性のほうでした。そのなかで、男性の手による日記文学と呼べるものに、紀貫之の『土佐日記』があります。ただし、貫之は『土佐日記』を女性として書き、有名な冒頭の一節には、「男もすなる日記といふものを女もしてみむとてするなり」とあります。つまり、「男性が（漢文で）日記をつけていたことを真似て、女性である自分も、日記をつけよう」という意味です。

そのほかの男性の公家の日記で、今日まで伝わっているものには、藤原道長の『御堂関白記』や藤原実資《さねすけ》の『小右記《しょうゆうき》』、藤原行成《ゆきなり》の『権記《ごんき》』などがあります。

彼らが日記をつけたのは、紀貫之のような、文学趣味があったからではなく、おもな目的は礼儀作法や有職故実《ゆうそくこじつ》を後世に伝えるためでした。

平安時代の公家には、なによりも、儀式を粗相なくこなすことが求められていました。とりわけ名家には、各家ごとに儀式での細かな役割が決められていたため、儀式をどのように行うか、詳細な記録を書き残す必要があったのです。

清少納言

才女の〝離婚理由〟からわかること

清少納言は、日本初の随筆文学『枕草子』を著した人物。彼女は、歌人の清原元輔の娘として生まれました。女房名の「清少納言」の「清」は、姓の「清原」からとったものとみられます。一方、「少納言」は、身内の誰かの役職名と思われますが、詳しくはわかっていません。

彼女は16歳のとき、陸奥守の橘則光《たちばなののりみつ》と結婚、一子をもうけますが、10年ほどで離婚します。その後、中宮定子の女房として仕え、約40人いた定子付きの女房の筆頭となりました。

彼女の持ち味は、なんといっても、豊かな教養とすばやい機転でした。有名なエピソードとしては、定子がある日、「香炉峯の雪はいかに？」とつぶやいたとき、まわりの女房はその意味が理解できませんでしたが、清少納言は進み出て、簾を巻き上げました。定子のつぶやきを唐の詩人・白楽天の「香炉峯の雪は簾を掲げて見る」という一節にかけた謎かけと気づいたからです。清少納言は、このエピソードを『枕草子』で自慢げに披露しています。

紫式部は、そんな清少納言のことを「いつも得意顔で利口ぶって、漢字で書き散らしているが、じつは未熟」とこき下ろしています。

清少納言と橘則光の結婚がうまくいかなかったのも、そのあたりに理由があったとみられます。則光は、歌を詠む者を「仇敵」と呼んだくらい、無骨な人物。才気溢れる清少納言とは合わなかったようです。

そして、別れの直接のきっかけとなったのは、清少納言の才女ぶりが評判となって、中宮定子から宮仕えを求められたことだったようです。夫は妻の宮仕えに反対しますが、結局、2人は別れ、清少納言は宮中での新生活に入ることになりました。

清少納言には、則光との間に、則長《のりなが》、季通《すえみち》という2人の息子がいました。2人とも、父親と違って歌に親しみ、勅撰集にも歌を残しています。

ただ、その後は、則長の後の4代、季通の後の5代までは名前がわかっていますが、文章や歌の才能に恵まれた人物は出なかったようです。

なお、清少納言は、中宮定子が亡くなった後、藤原棟世という年上の公家と、一緒に暮らし、彼との間には、娘をもうけています。

棟世が亡くなった後の清少納言の様子は、よくわかりません。出家して尼になったという説もあれば、亡父清原元輔の山荘で生涯を終えたとも伝わります。没年は不明です。

なお、紫式部も、その晩年に関しては、はっきりしたことはわかっていません。宮中を去ったあとは父のもとに身を寄せ、父の存命中に死去したとみられます。晩年は仏教へ傾倒し、無常観を深めたようですが、父が存命だったため、経済的に苦労することはなかったとみられます。

竹取物語

今にいたるまで、誰が作者かわからない

ここからは、平安時代のさまざまな作品と作者とについて、紹介していきましょう。まずは『竹取物語』です。

ご承知のように、かぐや姫をめぐる物語ですが、この話が書かれたのは平安初期（9世紀後半から10世紀前半）とみられ、もともと、中国の物語が伝来し、口承で伝わっていた話を「作者」がふくらませ、文字で記録、完成させたものと考えられています。ただ、その逆に、中国にも似た話があるのは、日本から大陸に伝わったという説もあります。

その「作者」が誰だったかもわかってはいませんが、何人かの候補者はいます。

まず、この物語には、実在の人物が登場します。阿倍御主人《あべのみうし》、大伴御行《おおとものみゆき》、石上麻呂《いそのかみまろ》などの奈良時代の人物です。むろん、物語の舞台は公家の世界ですから、作者

は、公家階級に属し、奈良時代についてよく知る博識の人物だったでしょう。漢学や仏教にも精通し、和歌の才能もある人物であったことがうかがえます。

また、物語中、悪意をもって描かれている車持皇子《くらもちのみこ》は、藤原不比等がモデルだともみられています。そうみれば、作者は当時の反藤原勢力の誰かであり、そこから、源順《したごう》、源融《とおる》、遍昭《へんじょう》、紀長谷雄《きのはせお》、紀貫之あたりが有力とみる研究者もいます。

『土佐日記』を書いたあと、紀貫之はどうなった？

紀貫之

『土佐日記』は、土佐守の任期が明けた紀貫之が、舟で京都へ戻るときの様子を綴った旅日記です。平安初期の934年、紀貫之は、この日記を女性として仮名で書きました。

紀貫之は55歳のとき、土佐へ赴任し、再び京へ戻ってきたときには、60歳になっていました。5年の任期中、その仕事ぶりが地元の人からも尊敬され、日記には、別れを惜しむ土佐の人々と酒を酌み交わすエピソードが披露されています。では、土佐から帰ったあとは、どのような人生を送ったのでしょうか？

紀貫之は、京へ戻ってから、働き場を失い、悶々とした日々を過ごすことになります。彼は、歌人であるとともに、中級の公家であり、役人でもありました。

しかし、土佐で5年を過ごし、帰ってくると、自分を引き立ててくれた醍醐天皇や宇多天皇といった有力者はすでにこの世になく、宮廷内の勢力図は一変していました。

京の都を5年間も離れていた貫之は、すでに当時としては高齢だったこともあって、役職につけなかったのです。

やがて、貫之は「朝日さすかたの山風今だにも身のうち寒き氷解けなむ」という歌を詠みます。権勢を誇っていた藤原忠平・師輔親子を「朝日さすかた」とおだて、そちらから吹く山風で、春を迎えてもなお寒いわが身の内の氷を溶かしてほしいと、歌で媚びたのです。

この歌がきいたのか、貫之はその後、「朱雀院別当」、「玄蕃頭《げんばのかみ》」、「木工権頭」などの役職に任じられました。９４３年には「従五位上」にのぼり、役人としても復権を果たしたのです。

在原業平

絶世の美男子が「東下り」した理由

『伊勢物語』は、成立年代、作者ともに不詳の物語です。ただし、その主人公のモデルはわかっています。在原業平《ありわらのなりひら》です。この物語は、各段が「昔男ありけり」ではじめられていて、主人公の名ははっきり書かれていないものの、その〝男〟が在原業平であることは間違いありません。

在原業平は、平城《へいぜい》天皇の皇子・阿保《あぼ》親王と、桓武天皇の皇女・伊都内親王《いとないしんのう》の五男として生まれました。血筋がよいうえ、歌がうまく、しかも絶世の美男子。平安時代を代表するプレイボーイであり、『伊勢物語』のほか、平安末期の説話集『今昔物語』にも、稀代の好色家と描かれています。

業平の女性遍歴は、『伊勢物語』の記述からも、うかがい知れます。「男」は、藤原氏の娘と密通したり、伊勢斎宮（伊勢神宮に奉仕する皇女）との禁断の恋に落ちたり、さまざまな恋愛をくりひろげるのです。

その業平は晩年、都を離れ、東国（武蔵国）へ下ったと伝わります。当時の武蔵国は、荒涼とした未開の地です。そんな東国へ旅立ったのは、女性問題がこじれたあげくの都落ちだったと伝えられます。

そのあたりを『伊勢物語』六段「芥川」は、次のように伝えています。「男（業平）は、ある女と恋仲になった。毎夜のように通い詰めるが、彼女はさる高貴なお方のもとに嫁ぐことになる。2人は駆け落ちし、男は女を背負って逃げるが、芥川という川まで来たとき、嵐に見舞われ、近くにあった蔵で雨をしのぐ。男は、一晩中、戸口に立ち、追っ手を見張った。翌朝、出発しようとすると、蔵の中に女の姿はない。その蔵には鬼が棲んでいて、女は食われてしまっていた」というのです。

その女のモデルは、当時の藤原氏の筆頭・藤原良房の姪の高子とみられます。良房は、高子を清和天皇に嫁がせようとしていました。つまり、高子は、天皇の后になる予定の女性だったのです。

途中で鬼に食われて――という伊勢物語の一節は、現実には追っ手に捕らえられたということでしょう。その後、業平は事実上、都を追放され、失意のうちに東に下る、というのが、彼の東下りの発端とされています。

ただし、この説には異論もあって、業平は血筋をたどると、桓武天皇の孫にあたる人物。それほどの血筋の人物が、女性問題くらいで、都から追放されるとは考えにくいというのです。

そこで、この話には、政治的な背景があったとする説もあります。業平は、高子に恋心を抱いていたのではなく、政治的な野望を抱いて高子に近づいたというのです。

業平が26歳のとき、文徳天皇が即位、生後８か月の惟仁《これひと》親王が皇太子に立てられます。惟仁親王の上には３人の兄がいたので、彼らを飛び越える異例の立太子でした。惟仁親王は、時の有力者、藤原良房の孫だったのです。

業平は、第一皇子である惟喬親王《これたかしんのう》が皇太子になると思っていたので、大きなショックを受けます。惟喬親王の生母・紀静子は、業平の妻の叔母で、惟喬親王が皇太子になれば、業平は出世できるはずだったのです。ところが、惟仁親王の立太子によって、その夢が消えてしまいます。

業平は、その怒りもあって、良房の姪にあたる高子の入内を阻止するため、彼女に近づいた――というのです。また、東下りについても、失意のためではなく、反藤原家の有志を募るためだったという説があります。

小野小町
なぜ「美人伝説」が生まれたのか

小野小町《おののこまち》は、六歌仙のひとりであり、絶世の美女だったとも伝えられる女性。しかし、その実像は、ほとんどわかっていません。

まず、生没年も出身地も、不明です。生没年に関しては、各史料を組み合わせ、825年頃から900年頃に生きた人ではなかったかと推定される程度です。

また、出身地に関しても、現在の秋田県の出身で、晩年もこの地で過ごしたという言い伝えが残ってはいますが、確たる史料があるわけではなく、ほかに現在の福島県や茨城県を生誕地とする伝承も残っています。なお、お米の「あきたこまち」や秋田新幹線の「こまち」は、秋田生誕地説をよすがとするものです。

また、系図によれば、小町は、遣隋使として知られる小野妹子の子孫で、祖父は小野篁《たかむら》。篁は、その時代有数の学者であり、歌人としても有名な人物でした。ただ、篁の生年は802年なので、その孫というと、年代的に合わなくなってくるのですが……。

では、「絶世の美女だった」のは、本当のことでしょうか？

彼女の肖像は、ある程度、残っているのですが、描かれたのはいずれも後世のことで、同時代の肖像や彫像は残っていません。

ただ、紀貫之が『古今和歌集』の仮名序で、「衣通姫《そとおりひめ》」（『古事記』に登場する伝説の美女）を引き合いに出して、小町の美貌を称えているところをみると、相当の美女だったことは確かでしょう。

ただ、紀貫之のほうが、小町よりも数十年はあとの人なので、貫之も小町の姿を実際に見たわけではなく、その容姿に関して伝聞でしか知らなかったとみられます。

そして、小野小町のイメージを決定づけたのは、深草少将の「百夜通い」の伝説です。京の深草の里に住む少将が、小町に恋をし、恋文を送ったところ、小町は庭に車の榻《とう》（腰掛）を置き、「ここで百夜続けてお寝りになったら、御心に従いましょう」と返事しました。少将は、深草から小町の住む山科まで熱心に通い続けますが、その日で百夜という日に親が急死して達成できなかったというお話です。

この伝承が、能や浄瑠璃の題材になることで、小野小町の名は、美女の代名詞として、現代に至るまで、広く知られるようになりました。

なお、小町の歌で最も有名なのは、「花の色は　うつりにけりな　いたづらに　わが身世にふる　ながめせしまに」。この歌で、小町は、自分の容姿を花にたとえて、歳とともに衰えてしまった、と嘆いています。そうした歌を詠むくらい、小町は、若い頃の自分は美しかったといっていることになるわけです。

和泉式部

紫式部に「けしからぬ」と言われた理由

『和泉式部《いずみしきぶ》日記』を著した和泉式部は、大勢の男性と浮き名を流した恋多き女性。彼女は、越前守の大江雅致《まさむね》の娘として生まれ、20歳の頃、10歳ほど年上の橘道《たちばなのみち》貞《さだ》と結婚します。「和泉式部」という名は、夫・道貞がのちに和泉守となったことと、父の官名を組み合わせたものとみられます。

和泉式部は、いわば紫式部の同僚で、藤原彰子に仕えていました。紫式部は、その同僚に関して、次のように書き残しています。「和泉式部という人こそ、おもしろう書きかはしける。されど、和泉式部はけしからぬ方こそあれ」――つまり、紫式部は、その品行は感心しないと、けなしながらも、和泉式部の文才に関しては高く評価しているのです。

その評価の通り、和泉式部は、『拾遺和歌集』などに、200首以上もの歌を残したうえ、日記文学の傑作『和泉式部日記』を著しました。ただし、異性関係に関しては、これも紫式部の評価どおり、じつに奔放でした。

そもそも平安時代は、色事に関しておおらかな時代で、紫式部の『源氏物語』にしても、貴族たちの乱脈ともいえる女性関係を描いています。平安時代は、まだ儒教的な倫理観が浸透していなかったため、乱脈な男女関係も、道徳的にはずれた行いとは考えられていなかったのです。男性だけでなく、女性が複数の男性と関係をもつのも、そう珍しくはない時代でした。

ただ、そんな時代にあっても、和泉式部の奔放ぶりはきわだっていたようです。ここで、彼女の男性関係を振り返ると、和泉式部は、まず前述のように橘道貞と結婚しますが、ほどなく別れています。

離婚理由は判然としません。夫の女性関係ともいわれる一方、和泉式部の浮気が原因だったともいわれます。

和泉式部は離婚後、すぐに冷泉天皇の第三皇子・為尊《ためたか》親王と恋仲になります。これは、身分をこえた関係であり、式部の父の雅致は激怒。式部は勘当されてしまいます。しかも、この恋は長続きはしませんでした。為尊親王が26歳という若さで他界してしまったのです。

しかし、式部はめげません。為尊親王の喪も明けないうちに、弟の敦道《あつみち》親王と恋に落ちたのです。そのとき、敦道親王には正妻がいて、その時期の様子をさまざまな歌をまじえながら赤裸々に綴ったのが、『和泉式部日記』です。和泉式部は敦道親王との熱愛ぶりを「もの思へば沢の蛍もわが身より　あくがれいづる魂かとぞ見る」「黒髪の乱れもしらずうち臥せば　まづ掻きやりし人ぞ恋しき」などと詠んでいます。

なお、当時の逢瀬は、男性が女性の住まいを訪ねるのが普通でしたが、式部は自ら男性宅に出向くこともあったほか、牛車の中であわただしくことを済ませたこともあったと伝わります。

式部は、ついには正妻を追い出すのですが、その敦道親王も27歳で急死してしまいます。

その後、式部は32歳で、53歳の藤原保昌と再婚し、夫の任地・丹後に向かいます。その後の消息はよくわかっていません。

蜻蛉日記
藤原北家の実力者の妻が、不仲な結婚生活を綴る

藤原道綱母《みちつな》は『蜻蛉日記《かげろうにっき》』の作者。同日記に綴られているのは、おもに夫・藤原兼家《かねいえ》との不仲な結婚生活です。９５４年から９７４年にかけてのことで、数十年後に成立する『源氏物語』や『枕草子』をはじめ、後の平安文学に大きな影響を与えました。

藤原道綱母も、紫式部らと同様、本名は不明ですが、「本朝第一美人三人のうちのひとりなり」（『尊卑分脈』）と称えられたほどの美人だったとみられます。

同日記によると、彼女が藤原兼家に求愛されたのは18歳のときのこと。兼家は、

後に関白にまで昇りつめる藤原北家の実力者であり、本妻の時姫との間にできた子が、藤原道長です。

その兼家は、次々と愛人をつくっては、道綱母を悩ませました。たとえば、彼女が息子（道綱）を妊娠中、夫の文箱を開けると、そこには、ほかの女に宛てた恋文が入っていました。そして、道綱母は、文箱に「ほかの女に渡す手紙を見ました。ここへはもうお越しにならないのでしょうね」という意味の歌を入れます。そして、ある晩、外出する夫を召使に尾行させて、相手の女が家柄も財産もない「町の小路の女」であることをつきとめた——というような話が、同日記には記されているのです。

やがて、道綱母は、兼家に対して冷たい態度をとるようになり、兼家のほうは道綱母の家を訪れなくなって、2人の結婚生活は事実上、終了します。

その後、彼女は、息子・道綱に愛情をそそぎ、同日記には、道綱母が「文才」を生かして、息子の恋文の代筆をする場面も描かれています。なお、道綱は、異母兄弟の道長らには大きく後れをとるものの、一応のところ、正二位・大納言にまでは出世しています。

西　行

上皇の「親衛隊員」が出家した理由

歌人の西行《さいぎょう》は、もともとは武士でした。1118年、武家に生まれ、俗名は佐藤義清。1135年から3年間は、鳥羽上皇に「北面の武士」として仕えました。つまり、西行は、上皇お抱えの親衛隊員のような存在だったのです。

ところが、西行は23歳のとき、その職を捨てて出家します。なぜ、西行が、仕事や世を捨てて、出家することになったのか？――その動機は、一説には「失恋」が原因だったと伝わっています。

西行の恋の相手とされるのは、待賢門院璋子《たいけんもんいんあきこ》（鳥羽院の妃）です。それが本当だとすれば、むろんたいへんな身分違いの恋でした。ただ、待賢門院は、知性も美貌も兼ね備えた女性でしたが、年齢は西行よりも17歳も上で、西行が出家したときには、すでに40歳でした。むろん、西行と待賢門院が恋仲だったという確たる証拠は残されていません。

では、出家後、西行はどのような人生を送ったのでしょうか？

西行は出家後、しばらくは京の近くに隠棲し、その後、奥羽、中国・四国地方を行脚します。やがて、高野山に居を構えますが、晩年は伊勢に移るなど、終生、全国を転々としました。

その間に、西行は数多くの和歌を詠みました。最も有名な歌は、「願わくは花の下にて　春死なん　そのきさらぎの望月の頃」でしょう。西行が晩年に詠んだ歌であり、「できることなら、桜の花の下で死にたいものだ。釈迦が入滅した2月15日に」という意味ですが、ほぼその通り、西行は文治6（1190）年の2月16日に亡くなりました。日付があまりに近いため、「西行は自殺ではなかったか」という説もありますが、これもまた謎のままです。

3章

怨霊譚から不可思議な伝説まで、平安の世を彩るあやしい人々

早良親王

平安時代の幕開けを告げる早良親王の「怨霊伝説」

早良親王《さわらしんのう》は、1章でも述べたように、怨霊となって桓武天皇を恐れおののかせたとされる人物。この項では、その怨霊ぶりをより詳しく紹介しましょう。

事の発端は785年、桓武天皇の側近で長岡京造営の責任者だった藤原種継《たねつぐ》が暗殺されたことでした。遷都の反対勢力の仕業であることは、政治状況からみて、誰の目にも明らかで、桓武天皇側は、反対勢力の大伴継人・大伴竹良らを捕らえ、尋問します。そのなかから、首謀者として早良親王が浮上しました。

早良親王は、天皇の異母弟にあたる皇太子であり、もともと天皇とは敵対関係にありました。早良親王はまず乙訓寺《おとくにでら》に幽閉されますか、一貫して無実を主張、飲食を断って抗議します。しかし、その訴えは受け入れられず、淡路島への流刑が決まり、淀川を舟で護送される途中、衰弱死してしまいます。遺体はそのまま淡路へ運ばれ、埋葬されました。

早良親王は死後、怨霊となって、桓武天皇に祟りをもたらしたと伝わります。まず、天皇の夫人・藤原旅子《たびこ》が30歳で病死。生母・高野新笠《たかののにいがさ》、皇后・乙牟漏《おとむろ》も相次いで突然死し、実子・安殿《あて》親王が原因不明の病に伏せってしまいます。さらに、伝染病が流行し、自然災害も多発しました。

桓武天皇が陰陽師を呼んで占わせると、早良親王の祟りだといいます。天皇は、早良親王の墓に勅使を送り、陳謝するとともに、崇道天皇の号を贈って怒りをおさめようとしますが、祟りはやみません。天皇は、淡路島から遺骨を取ってこさせ、大和国八嶋陵に改葬し、その後、淡路島には、崇道天皇鎮魂のために霊安寺を建立しています。

しかし、それでも祟りはやまず、桓武天皇が長岡京を捨て、平安京へ再遷都したのも、その祟りを恐れたからという説もあります。

では、早良親王は、本当に種継暗殺の首謀者だったのでしょうか。遷都の目的のひとつは、奈良の仏教勢力の政治的影響力を弱めることでした。その仏教勢力の筆頭は東大寺で、早良親王はもとは東大寺の僧でした。桓武天皇の即位に伴って還俗《げんぞく》していたものの、その後も東大寺からなにかと相談される立場でした。その点を考えると、遷都阻止工作の首謀者であったとしても不思議ではないと考えられます。

しかし、事件当時、早良親王は皇太子であり、皇位継承権第1位の立場にあったわけで、危ない橋を渡る必要はなかったというのも事実です。桓武天皇には、安殿親王という実子がいたため、天皇は息子に皇位を継がせたいと考え、早良親王に無実の罪を着せて、失脚させたとも考えられます。

この世とあの世を自在に行き来したエリート官僚

小野篁

小野篁《おののたかむら》は、いわば平安初期のエリート官僚、「参議」という役職にまで出世した人物です。ただし、彼には別の顔があったという話が伝わっています。

昼間は、役人として朝廷に仕え、夜は、地獄に下りて、閻魔大王に仕えていたというのです。篁が出世したのも、その「夜の顔」が恐れられていたからだといわれます。

伝承によると、篁は、京都東山の珍皇寺の井戸を通じて、この世とあの世を自由に往来していたといいます。

もともと、この寺の鐘の音は、冥土にまで届くといわれていました。ある夜、篁がその井戸の前を通ると、亡くなった母の声が聞こえてきます。そこで、篁は井戸を下りて、地獄に向かい、母を見つけ出し、極楽へ連れていきました。それをきっかけにして、篁は閻魔大王に仕えるようになり、その井戸を通って毎夜、あの世に下っていたというのです。そして、そのことは、当時の人々に広く知られていました。

その篁は、遣唐使の一員でもありました。ただ、2度にわたって途中で嵐にあい、引き返してきていました。そして836年、副使に任じられて3度目の出発をするのですが、大使の藤原常嗣と意見が合わず、仮病をつかって戻ってきてしまいます。嵯峨天皇はこれに激怒し、篁を隠岐へ流しました。

その折、天皇は当初は死罪を命じたのですが、大臣の藤原良相《よしみ》がとりなして、流罪に減刑されたのです。篁は、1年ほどで流罪を許され、また京で役人として仕えるようになります。一方、篁を助けた藤原良相は病気で亡くなり、閻魔大王のもとに向かいます。そのとき、篁は同行し、閻魔大王に「この方は、心やさしい方です。その罪は私に免じて許してください」と頼みました。そうして、藤原良相は生き返ったと伝わります。

その後、良相が篁に会ったとき、その話をすると、「あなたは、かつて私を弁護してくれました。これは、そのお礼です。決して、人にお話しにならないように」とささやいたといいます。しかし、この話は多くの人が知るところとなり、後に『今昔物語』にも記録されて、後世まで伝わることになりました。

安倍晴明
史上最強の陰陽師のとんでもない伝説の数々

陰陽道《おんみょうどう》は、古代中国の陰陽五行説をベースとし、平安時代には、天体の動きや暦を用いて吉凶を占ったり、天変地異を予知する学問のひとつとされていました。それを司る陰陽師は、朝廷の公職のひとつであり、ときの権力者たちは陰陽師を側に置いていました。

その陰陽師のなかでも、最も有名であり、史上最強の超能力を持っていたとされるのが、安部晴明です。彼の能力は、陰陽師のなかでも突出していたようで、『今昔物語』『大鏡《おおかがみ》』『古今著聞集《ここんちょもんじゅう》』『宇治拾遺物語《うじしゅういものがたり》』『無名抄《むみょうしょう》』『日本紀略《にほんきりゃく》』『平家物語』『源平盛衰記《げんぺいじょうすいき》』など、わが国の代表的な古典が、いずれも彼の話を書き残しているのです。

それらの記述によると、安倍晴明の生誕の様子は次のように伝わっています。安倍晴明の父・保名《やすな》も陰陽師でしたが、保名がある日、白狐を助けたところ、数日後、美しい娘が現れ、2人は恋に落ちて、やがて2人の間に子どもが生まれました。それが晴明だといいます。その娘は保名が助けた狐の化身であり、狐は晴明に霊力を授けると、森の中に消えたと伝わります。

その晴明には、人の前世を読む力があったと伝わっています。たとえば、花山《かざん》天皇は、雨が降ると激しい頭痛に見舞われるという持病をもっていたのですが、晴明に相談すると、晴明は「帝の前世は行者で、大峰の岩場で命を落としました。その行者の髑髏は今も岩の間にはさまり、雨の日は岩が膨張して髑髏が締めつけられ、帝の頭が痛むのです。その髑髏を取り出せば、頭痛はなくなります」と告げたといいます。そして、晴明のいうとおりにすると、天皇は二度と頭痛を起こさなくなったと伝わります。

花山天皇は、後に詳しく述べるように、藤原一門の策略にはまって、出家・退位するのですが、晴明はそのことも星の動きで察知していました。晴明は夜、天を仰いで星の動きを眺め、「帝が譲位された。すぐに宮中に参内する」と告げたといいます。

晴明のライバルだったのは、蘆屋道満《あしやどうまん》という陰陽師でした。道満が晴明に術比べを申し込み、透視術の勝負が行われることになりました。その勝負で、晴明が勝利をおさめたところ、道満は、その仕返しに、晴明の父・保名を殺害、死体をバラバラにし、野犬やカラスのエサにしました。嘆き悲しんだ晴明は、死体蘇生の術を試み、父を生き返らせます。

その後、晴明は紙で鳥を作り、天高く飛ばして「あの鳥が落ちたところに呪術師がいる」と告げます。そして、配下の者が鳥を追いかけると、落ちたところに道満がいました。その後、道満は流罪となったと伝わります。

いずれも、どこまで本当の話かはわかりませんが、晴明が平安中期、大きな存在だったことは間違いありません。政治的には、当初は花山天皇を助け、花山天皇の退位後は、藤原氏の全盛を築いた藤原道長に力を貸していたことは確かです。

陰陽道

現在の年中行事の大半は、陰陽道に由来する

ここで、「陰陽道《おんみょうどう》」について、もうすこし触れておくと、現在も日本で行われている年中行事の多くは、陰陽道に関係しています。

たとえば、1月7日の「七草がゆ」は、「七は七星に通じ、七草を食べると延命息災効果がある」とする陰陽道の呪術に由来します。

1月15日に、注連縄や神札を焼く「どんど焼き」も、「左義長《さぎちょう》」と呼ばれる陰陽道の呪術儀礼に端を発します。

そして、2月の「節分」は、陰陽道の「星祭り」に関係しています。陰陽道では、節分を境に、前年と新年を分け、この日、人々は自分の星回りにあたる星を祀り、祈りました。この星祭りに、鬼退治の儀式が重ねられて、豆をまいて鬼を追い払う今の節分の形が生まれました。

3月3日の桃の節句は、陰陽道の「巳之日祓《みのひはらえ》」という禊《みそ》ぎの儀式が関係してい

ます。陰陽道では、3月の巳の日に、人形《ひとがた》に自分の穢れを移し、川や海に流して厄除けを祈願するという儀式を行いました。この儀式が、桃の節句の祭りと合わさって、「雛祭り」として、「人形」を飾る習慣が生まれたのです。

7月7日の「七夕」には、牽牛と織姫の二星を祀りますが、これは陰陽道の「星《せい》辰《しん》信仰」が大衆化したものといえます。

そして、暮れも押し詰まった頃、「大掃除」を行うのも、陰陽道と関係しています。陰陽道では12月31日に、1年の穢れを祓い清める「大祓え」の儀式を行います。それが大衆化されて、大掃除となったのです。

というわけで、平安時代に陰陽道が隆盛を極めなければ、日本の年中行事の多くは、今とはまったく違った形のものになっていたことでしょう。

源頼光
「金太郎」さえ部下に従えた平安中期の豪傑

源頼光《よりみつ》は平安中期、円融天皇から後一条天皇までの5代の天皇に仕え、国司などを歴任した実在の人物です。

当時、彼が有名な武人であったところから、後世、彼をめぐる英雄伝説が生まれました。

なかでも有名なのが、酒呑童子《しゅてんどうじ》という鬼を退治した話です。その際、頼光の部下となったのが、いわゆる「四天王」であり、金太郎のモデルとなった坂田金時もそのひとりでした。

その頃、京の都では伝染病がはやり、治安は大いに乱れて、盗賊が横行していました。陰陽師が占ったところ、「都の西北、大江山にいる酒呑童子という鬼の仕業」と出ました。そこで、帝は、当代随一の武人だった源頼光に鬼退治を命じたのです。

頼光が四天王とともに大江山に向かうと、そこには占いのとおり、酒呑童子ら鬼どもがいました。鬼どもは頼光一行を見て、仲間が来たと勘違いしてもてなし、宴会がはじまりました。

頼光らは、鬼どもが酔いしれたところで、襲撃。酒呑童子は、頼光に斬られ、絶命しました。

その頼光の四天王では渡辺綱もよく知られています。彼は頼光の親戚であり、単独でも鬼退治をしたと伝わります。

当時、都の羅城門の近くに鬼が出るという噂が流れていました。

雨の夜、渡辺綱が一条戻橋を馬で渡ろうとすると、美女が五条まで送ってくれと頼んできました。

そこで、馬に乗せてやると、美女は恐ろしい形相の鬼になり、「われこそは、愛宕山に棲む茨城童子である」と叫び、渡辺綱のもとどりをつかんで、宙に舞い上がりました。綱はあわてず、その鬼の腕を切り落としました。

腕を失くした鬼は、「腕を7日間、預けおく」というと、愛宕山の方向に消えていきました。綱は帰宅すると、腕を箱に入れ、厳重に縄をかけ保管しました。

ところが、6日目の夜、養母が訪ねてきて、鬼の腕を見せてくれといい出します。綱がしかたなく箱を開けると、養母はその腕をつかみ、空中に消えていきました。鬼が養母に化けていたのです。

このような、渡辺綱と鬼をめぐる怪異譚には、いろいろなバリエーションが生まれ、語り物や歌舞伎などで、今に伝わっています。

花山天皇
藤原氏のペテンにかかって退位するまで

10世紀末の花山《かざん》天皇は、藤原北家の全盛時代を代表する〝犠牲者〟でした。この天皇は、藤原氏の罠にはまり、自ら退位したことで、迂闊でだまされやすい天皇として、歴史に名を残すことになりました。

当時、19歳だった花山天皇は、藤原為満の娘を寵愛しますが、彼女は妊娠中、息をひきとってしまいます。以後、天皇は世をはかなむようになり、そのすきに乗じたのが、藤原兼家・道兼親子でした。

兼家の娘・詮子は、先代の円融天皇との間に皇子・懐仁親王をもうけていました。もし、世をはかなんでいる花山天皇が出家・退位すれば、次の天皇には懐仁親王（兼家の孫）が即位することになります。

そこで、兼家・道兼親子は、花山天皇の心のすきをついて、出家させようと図ったのです。

兼家・道兼親子は、それまで藤原氏のなかでは、不遇をかこっていました。先代の天皇の時代には、兼家の兄の兼通が権勢をふるい、花山天皇の時代に権力を握ったのは、兄・伊尹《これただ》の子の義懐《よしちか》でした。

藤原兼家は甥にまで先を越されていたのです。

花山天皇追い落としのため、実際に動いたのは、道兼のほうでした。道兼は、心を癒やすには出家することが必要ではないかと、花山天皇に語り、ともに仏門を目指そうと説いたのです。

すると、傷心の花山天皇はその気になり、2人は山科の元慶寺に向かい、花山天皇は髪を剃り落とし、「入覚」という法名を得ます。これで、花山天皇の退位・出家は決定的となりました。

一方の道兼は、もう一度だけ父に会ってくると嘘をつき、寺を抜け出します。そうして、花山天皇のみが出家して退位、仏道に入り、兼家・道兼親子の目論見どおり、懐仁天皇が7歳で一条天皇として即位、兼家は摂政の座を手に入れたのでした。そして、兼家の息子のひとりが、後に藤原家の全盛時代を築く藤原道長でした。

崇徳上皇
天皇家が最も恐れる怨霊となるまでの経緯

幕末、朝廷は、明治天皇の即位の際に、讃岐の白峰宮《しろみねぐう》（崇徳天皇社）に勅使を送っています。讃岐は崇徳上皇が流された国であり、勅使の目的はその霊を慰めることでした。さらに朝廷は、白峰宮に祀られていた霊を勧請し、京都に白峯神社を創建しました。朝廷がそこまで気を遣ったのは、崇徳《すとく》上皇こそ、天皇家が最も恐れてきた怨霊だからです。

崇徳天皇は1119年、鳥羽天皇の第一皇子として生まれました。ただ、当時は院政の時代であり、政治的実権は天皇ではなく、白河法皇が握っていました。白河は、ひ孫にあたる崇徳を可愛がり、鳥羽を退け、5歳の崇徳を皇位につかせます。

ところが、やがて白河が亡くなると、今度は鳥羽が院政を敷き、崇徳を退位させます。そのとき、崇徳は22歳。代わって、弟がわずか3歳で近衛天皇として即位しました。近衛が17歳で亡くなると、崇徳は自分が復位できるか、実子の重仁親王が皇位につくはずと喜びますが、実権を握る鳥羽は、やはり崇徳の弟にあたる後白河天皇を即位させます。

鳥羽は、それほどまでに、崇徳を忌み嫌っていたのです。じつは、崇徳は、白河が鳥羽の妃、待賢門院璋子と密通してできた不義の子という話が、当時から流れていました。つまり、鳥羽にしてみれば、崇徳は、祖父（白河）が自分の妻を寝とって生ませた子どもだったのです。

その後、鳥羽が死去すると、崇徳はそれまでの不満を一気に晴らそうと、左大臣の藤原頼長らを率いて、後白河天皇側に対して、クーデターを仕掛けます。これが「保元《ほうげん》の乱」（詳しくは、後述します）です。

しかし、戦力でまさっていたのは、後白河軍のほうで、敗れた崇徳は髪を下ろし、僧形となって投降します。過去の〝判例〟からすれば、謀反や内乱を起こした皇族は、出家・隠居すれば、刑を免れていました。しかし、後白河天皇は、崇徳を讃岐に流します。

崇徳は、讃岐で無念の日々を過ごすうち、仏教に傾倒し、極楽往生を願うようになります。3年の歳月をかけて、五部大乗経の写経を完成させると、崇徳はそれを朝廷に献上しますが、天皇家は「呪詛が込められているのではないか」と送り返してきます。崇徳は、この仕打ちに激怒、自ら舌を噛み切って、その血で写経に「この経を魔道に回向《えこう》す」と書き込み、海に投げ捨ててしまいます。そして、1164年、生涯を閉じました。

崇徳の死後、都では異変が続きます。まず、皇位についていた二条天皇（後白河の子）が急死。さらには、鹿《しし》ヶ谷の変、延暦寺の強訴《ごうそ》など、事件が続き、大極殿など、朝廷と関わりのある建物が次々と焼失、後白河も病に倒れます。

その頃には、すでに崇徳の怨霊の仕業と恐れられ、後白河は白峰山頂に寺院を建てて崇徳の霊を鎮めようとしますが、その甲斐もなく、後白河も亡くなり、以降、崇徳は、天皇家を呪う最強の怨霊として恐れられ続けることになったのです。

源為朝
琉球初代の王の父になったというトンデモ伝説

源為朝《ためとも》は、平安後期を代表する豪傑。弓の名手で、五人張りの強弓《ごうきゅう》と、並はずれて長い矢を用いたと伝わっています。

保元の乱では、崇徳上皇方について奮戦するものの、天皇方に敗れ、伊豆大島へ流されます。死罪を免れたものの、二度と弓を引けないように両腕の筋を切られました。

ところが、為朝は、矢をさらに長くすることによって、腕力の衰えを克服。近くの島々を征服します。それに対して朝廷は、為朝の傍若無人ぶりに業を煮やし、1170年、討伐軍を送り込みます。為朝はその軍船を見て、このあたりで殺生は止めにしようと心を定め、自刃を決意します。ただ、今生の思い出にと、満身の力を込めて、軍船に矢を放ったところ、その矢は船の横腹を射貫き、その船は沈没してしまったと伝わります。『保元物語』は、その後為朝は腹を切り、33歳で生涯を終えたと記しています。

しかし、為朝は、伝説の世界でさらに生きのびます。一説には、大島で死んだのは、じつは為朝の身代わりで、為朝は生きのびて八丈島へ渡ったとも、琉球に渡ったともされています。

琉球に渡ったとする説では、為朝は、大里按司《おおざとあんじ》（按司＝領主、土豪）の妹をめとり、尊敦《そんとん》という子をもうけたとされ、その子こそが、琉球の最初の王・舜天王《しゅんてんおう》だというのです。この琉球入りの伝説は、江戸後期、滝沢馬琴の『椿説弓張月』で取り上げられ、舜天王は源為朝の子という話が広く知られることになりました。

以仁王
源氏挙兵のきっかけをつくった皇子の「落人伝説」

以仁王《もちひとおう》は、後白河法皇の第二皇子。文武両道にすぐれた皇子でしたが、母が摂関家の出身ではなかったうえ、当時、全盛の平家とも縁が薄かったため、皇位継承レースから脱落していました。

1179年、後白河法皇が平家によって幽閉されるという事件が起きます。翌80年には、平清盛の孫の安徳天皇（後白河の孫）がわずか3歳で即位。以仁王は、平家の独裁ぶりに我慢がならず、源頼政の勧誘に応じて、諸国の源氏に対し、平家追討の令旨《りょうじ》を発します。

ところが、諸国の源氏の準備が整う前に、その動きは平家に察知され、以仁王と源頼政は急ぎ挙兵しますか、奈良の興福寺を頼ろうと、都を脱出、宇治まで来たとき、平家の軍勢に追いつかれてしまいます。

頼政が応戦する間、以仁王は奈良を目指しますが、途中の光明山まで来たとき、追っ手の流れ矢に当たって落馬、首を討たれ、絶命しました。

しかし、一説には、その後、以仁王の生存説がささやかれるようになりました。以仁王は、平家の追跡を逃れて東国へ向かい、群馬から福島に入ったのではないかといわれるのです。じっさい、そのルートには、多数の以仁王をめぐる伝説が残っています。

たとえば、以仁王の一行が、今はミズバショウで知られる尾瀬沼付近にたどりついたとき、家臣の尾瀬頼実が病死し、湿原に埋葬されました。そこで、この湿原が、その家臣の名にちなみ、「尾瀬」と名付けられたと伝わります。

また、一行が訪れたとされる会津の桧枝岐村には、以仁王を祀る高倉神社が残されています。

4章

平安人の心を読み解く「仏教」「お寺」「祭り」のはなし

平安仏教と最澄

奈良仏教の既得権益を奪うことから、はじまった

仏教は、6世紀前半に日本へ伝来して以来、大きな力を持ちました。とりわけ、奈良時代には、大寺院や有力僧侶が政治に介入、国家安泰を名目にして多数の寺院が建立され、国家財政を圧迫していました。

前述したように、桓武天皇が784年、長岡京に遷都したのも、仏教勢力の力を削ぐことが動機のひとつだったとみられます。

奈良の仏教勢力と政治を切り離すため、後世の言葉でいえば「政教分離」を図るための遷都だったのです。

それから10年後、桓武天皇は、都をさらに平安京に遷すときには、奈良の寺院(仏教勢力)が新都へ寺院を移転することを禁じたくらいです。

そのように、当時の仏教勢力は、一種の権力機構と化していたのですが、そのなかにも、仏教を純粋な宗教として甦らせようと考える若者がいました。その代表が

最澄《さいちょう》です。

最澄は、奈良の仏教界に幻滅してしまうと、京都の比叡山にこもり、修行していました。

桓武天皇はそうした最澄を評価し、唐に派遣します。最澄は天台宗、密教、禅、戒律などを学んで帰国、比叡山の延暦寺で天台教学、密教、禅などを融合する総合仏教を目指して天台宗を開きます。

また、当時、僧侶の免許は、奈良の東大寺などに設けられた「戒壇」でなければ、認められないことになっていました。それが奈良仏教界の既得権益になっていたのですが、それに対し、最澄は延暦寺に独自の戒壇をつくりたいと朝廷に申請します。

むろん、奈良の仏教勢力は阻止に動きますが、桓武天皇のあとを継いだ嵯峨天皇がこれを認めます。以後、奈良の仏教界は最大の権益を失い、衰えていくことになります。

一方、戒壇を認められた比叡山延暦寺からは、浄土宗の法然、浄土真宗の親鸞、臨済宗の道元、日蓮宗の日蓮らが輩出します。

空海

最澄以上に公家の信仰を集めた理由

最澄が乗り込んだ遣唐使船には、もうひとり、後に名をなす僧侶が乗り込んでいました。空海《くうかい》です。

空海は、私費の留学僧として、最澄と同じ船団で唐に渡ったあと、長安の青龍寺で、恵果に師事して真言密教を学び、密教経典や曼荼羅、法具を持ち帰ります。やがて、和歌山の高野山に金剛峰寺《こんごうぶじ》を建て、真言宗を開きます。こうして、二派の「平安仏教」がスタートすることになったのです。

そのなかでも、空海のもたらした密教は、当時の先端的な神秘思想といえ、平安貴族の熱狂的な信仰を集めました。

密教は、広く誰にでも開かれた仏教「顕教」に対して、「修行を積み、奥義を究めた者にしか、悟りは開けない」と考えます。

ただ、平安貴族が飛びついたのは、そうした教えではなく、密教のもたらす霊験であり、現世利益でした。当時は、医療技術が未発達で、病気や死の原因がほとんどわかっていませんでした。また、死者の魂は穢れ、それが怨霊となって人々に災いをもたらすと信じられていました。そこで、当時の仏教にとっては、信者が病気になったとき、加持祈祷を行って病魔を退散させることが大きな役割だったのです。

そうした需要があるなか、空海がもたらした密教は、絢爛な曼荼羅を飾り、護摩を焚いて、印を結び、マントラを唱えるといった姿が神秘的であり、ご利益を期待できそうにみえたのです。密教は、現世利益を求める公家の間でブームを巻き起こし、公家たちは多額の寄付をし、加持祈祷を依頼したのです。

やがて、空海の名は庶民にまで広まって、彼は、現代に至るまで宗教界最大のスーパースターとなりました。ここで、彼の一生を振り返ってみましょう。

空海は、奈良時代末期の774年、讃岐国の豪族の子として生まれました。18歳で京に上り、大学で学びます。周囲からは、やがては高級官吏にと期待されましたが、彼は宗教の道に進みます。

空海は、中国に渡る前は、故郷の四国で山岳修行をしていました。そのとき、空海が遍歴した霊場が、四国八十八ヶ所霊場めぐりとして受け継がれ、今もお遍路さんたちが歩く道となっています。

そして804年、31歳のときに遣唐使船に乗り、唐に渡ります。帰国後、太宰府に3年滞在した後、京都の高雄山寺に入り、公家たちの信仰を集めます。やがて高野山に入って金剛峰寺を建て真言密教の根本道場とし、真言宗を開きます。835年に亡くなりました。

その間、空海は、全国に多数の伝説を残しています。よく知られるのは、四国讃岐の満濃池《まんのういけ》の改修工事をめぐる話です。3年も工事を続けて、いっこうに完成しなかったその工事を、空海はわずか3か月で完成させたと伝わります。そうした空海伝説は、全国に5000以上は伝わっているとみられます。

そのなかには、空海の「超能力」に関する話も多数伝わっています。彼が行ったとされる最も有名な奇跡は、811年、嵯峨天皇に「即身成仏をやってみせてくれ」と頼まれたときのことです。それに対して、空海が座って真言を唱えると、空海の肌は黄金に輝き、頭は5色の光を放ち、周囲は芳しい香りと光で満たされたといいます。その光景に天皇が気を失いかけると、空海はもとの人の姿に戻ったと伝わります。

また、824年、激しい日照りに見舞われ、農作物は枯れ、飢饉が懸念されたことがあります。そのとき、天皇に頼まれた空海は、宮中で雨乞いの秘法を行いました。すると、たちまち雲がわき起こり、日本中で大雨が降ったといいます。一説には、空海はそうした奇跡を、生涯に51回起こしたと伝わります。

最澄と空海

2人の関係が悪化した最大の原因は？

最澄と空海は当初、ともに敬い、認め合って、同志のような関係にありました。ともに、奈良仏教界と対立していたため、共同戦線を張る必要もあったとみられます。ところが、最澄と空海はしだいに不仲となり、最後は最澄のほうから絶交しています。

絶交に至った原因に関しては、いくつかの説がありますが、よく知られているのは、最澄が空海に密教の経典を借りたいと申し出たところ、空海が断ったからというものです。

また、空海に、弟子を奪われたからという説もあります。最澄には泰範という愛弟子がいて、最澄は泰範の成長を願って、空海のもとで修行させます。すると、泰範は空海の教えに心酔し、ついには最澄のもとへ戻らなくなってしまいました。最澄は、そのショックから、空海を恨むようになったというのです。

また、最澄が教えを乞うた際の空海の対応に腹を立てたという説もあります。密教の理解と体系化に関しては、空海のほうが進んでいたので、最澄は空海に頭を下げ、密教に関して教えを乞いました。すると、空海は一応のところは教えたものの、その奥義はいわば〝企業秘密〟であり、手の内をすべては明かしませんでした。それに対して、最澄は、自分がプライドを捨てて教えを乞うたのに、すべてを教えようとしない空海に恨みを抱くようになったというのです。

密教の呪法
人を呪い殺す方法は？

密教には、さまざまな仏がいます。そのなかでも、強力な呪力をもつとされるのは、名前に「明王」と「天」の字がつく仏たち。「不動明王」「金剛夜叉明王」「毘沙門天」「大黒天」などです。それらの力を借りる呪術には、「殺人」を目的とした秘法も存在するとされます。

なかでも、最も強力な呪殺力があるとされるのは、「大威徳明王法」です。憤怒の形相をした大威徳明王を前に、三角形の壇を作り、呪う相手の人形《ひとがた》の両肩、両脛、心臓の5か所に、加持祈祷した杭を打ち込み、呪殺を祈願します。すると、呪われた相手は、吐血するか、病に倒れて徐々に弱って死ぬといわれます。

また、「降三世明王法《ごうざんぜみょうおう》」は、悪人を殺したい場合に有効な法だと伝わります。まず、人形を作って悪人の名前を記し、その後、秘密の真言を108回唱え、人形に砂を投げつけてから、人形を焼きます。すると、火が消えた瞬間、悪人は突然死するとされます。

また、「怨敵降伏の秘法」は、毘沙門天の力を借りて、敵を呪殺する方法。何種類かの木の煮汁と黄土をこね、七つの人形を作って、人形の胸に敵の名前を書いた札をはりつけます。その後、秘密の真言をとなえながら、7日間かけて、毎日1体ずつ人形を火のなかに投げ入れ焼いていきます。すると、7体めの人形が焼き尽くされたとき、敵は悶絶死するといわれます。

往生要集
日本人の死生観に多大な影響を与えた一冊

平安中期の985年、その後の日本人の「死生観」に大きな影響を与える書物が生まれました。源信という僧が著した『往生要集《おうじょうようしゅう》』です。同書は別名「地獄物語」とも呼ばれ、多数の仏典を参考にしながら、地獄の恐ろしさを描き出した一書です。

中国経由で日本に伝わった仏教では、人は死ぬと、三途の川を渡り、閻魔大王の裁きを受けることになっています。そこで、生前に罪を犯した者は、地獄行きを命じられます。その地獄には、焦熱地獄、極寒地獄、阿鼻地獄、叫喚地獄など、さまざまな種類があって、どの地獄に行くかは、生前に犯した罪の重さによって決まるとされます。『往生要集』は、そうした考え方や地獄の恐ろしい様子を庶民にまで、広く伝えたのです。同書は、死後の世界のガイドブックであるとともに、どのようにすれば、浄土に行けるかというハウツウ書でもありました。このテキストが評判を呼び、平安時代の後半、浄土信仰が広まるきっかけにもなったのです。

源信は、宗教教義上も重要な人物で、彼は、ひたすらに念仏を唱えれば、西方浄土に行けると説きました。その点で、彼は、平安末期に登場する浄土宗や浄土真宗の先駆的な存在といえます。

そうした影響の下、平安末期、法然が浄土宗を開きます。それ以前、日本仏教は、事実上、公家のための宗教でしたが、浄土宗は初めて庶民も救われると説きました。法然は、往生するために、寄付や仏像制作、寺院の建立などは必要はなく、ただ「南無阿弥陀仏《なむあみだぶつ》」と念仏を唱えるだけで、阿弥陀仏によって救われると説いたのです。しかも、出家しているかどうか、男女の別にも関係なく、等しく成仏できるとしたので、死後の幸せを願う庶民の間に急速に広まりました。

その法然は1133年、美作国《みまさかのくに》（現在の岡山県）で生まれました。叔父から仏教の基礎を学んだ後、比叡山で出家します。法然は30年近く、修行に励み、43歳のとき、「一心に阿弥陀仏の名をたたえて、念仏を唱えれば極楽往生できる」という「専修念仏《せんじゅねんぶつ》」の考えを確立します。

その後、法然は比叡山を下りて、大衆の中に入り、浄土宗を開きました。こうして、後にさまざまな「鎌倉仏教」を生み出すことになる日本の「宗教改革」がはじまったのです。「専修念仏」という考え方は、奈良時代には、すでに中国や朝鮮から伝わっていましたが、日本ではなかなか広まらず、ようやく平安末期になって、法然が中心になって、この教えが広まりはじめたのです。

ただ、法然の教えは、既成の宗教勢力の反発を招き、法然は四国へ流罪となります。後に法然は、許され、京都に戻った後、80年の生涯を閉じますが、弟子たちによって浄土宗は広まっていきます。

浄土真宗
平安末期、日本最大の宗派が生まれるまで

法然の弟子のひとりが、親鸞です。親鸞は、法然の教え（浄土宗）をベースにして、「浄土真宗」を開きます。浄土真宗は、僧侶の妻帯や肉食《にくじき》を認める革新的な仏教であり、信者を爆発的に増やし、今なお日本最大の信徒数を誇ります。

ここで、親鸞の人生を振り返ると、彼は藤原氏系の日野氏に生まれ、9歳で比叡山に入りました。

修行生活のなか、29歳のときに救世観音に救いを求めたところ、「法然に師事せよ」というお告げを受けます。

前述したように、法然は、ただ念仏を唱えれば、阿弥陀仏が救ってくれると説きました。親鸞は、その教えをもとに、より積極的に、念仏を唱える必要さえなく、阿弥陀仏の力を信じるだけで救われると説きました。すべては阿弥陀仏の働きによるので、念仏を唱えるという「自力」も必要ないとしたのです。

この、自らは何もせず、ただ阿弥陀仏さえ信じればいいという考え方は、「絶対他力」と呼ばれます。

親鸞は90歳まで生きますが、宗派を組織するという気持ちはありませんでした。しかし、親鸞の教えを受けた僧侶たちが、各地に教団を組織し、信者を増やしていきます。

さらに、親鸞が妻帯し、僧侶として、初めて（正式に）子孫を残したことから、世襲による本願寺の継承がはじまりました。これが、浄土真宗の信者をさらに増やすことにつながり、室町時代後期（戦国時代の初め）には、武家に抵抗できる大きな勢力となりました。

そして、戦国時代の後半、大坂の石山本願寺を中心に、織田信長との10年にもおよぶ戦いを繰り広げることになるのです。

東寺

平安京で「東寺」はどんな意味を持っていた？

京都駅近くの東寺《とうじ》の五重塔は、高さ55・7メートル。現存の五重塔としては、日本一の高さを誇ります。現在の五重塔は、江戸初期に再建されたものですが、この地に最初の五重塔が建てられたのは、平安時代のことでした。

平安遷都の際に、東寺は鎮護国家の願いをこめて建立され、その折、五重塔も建てられたのです。その高さは、今よりも高い57メートルだったと伝わります。ただし、最初の塔は平安末期、落雷によって焼失しています。

ここで、平安京の都市構造を紹介しておくと、まずその中央には長さ4キロ、幅

84メートルの朱雀大路が南北に走っていました。その大路の南の入り口に、都の正門といえる羅城門がおかれ、その左右の対称的な位置に東寺と西寺が配置されていました。いずれも、鎮護国家を目的とした官寺で、西寺にも五重塔がそびえていました。

東寺は823年に空海にゆだねられ、真言密教の根本道場、真言宗の総本山となりました。一方、西寺は、鎮護国家のため、国営の官寺のまま残されます。

その後、東寺が繁栄したのに比べ、西寺は衰退し、990年、大半が焼失すると、その後は再建されることもなく、鎌倉時代に廃寺となります。

東寺の五重塔は、平安時代から数えて5代目です。落雷などで4度焼けましたが、そのたびに再建され、1644年に現在の塔を再建したのは、徳川3代将軍の家光でした。

なお、東寺の五重塔に、雷という天敵から守る避雷針が取り付けられたのは、明治時代になってからのこと。1893年創業で日本最古の電気工事店とされる山科電気工事店によって設置されました。創業者が避雷針を研究し、自ら施工したと伝わります。

平等院

藤原道長の別荘を息子が寺に造りかえた理由

平安時代、公家たちは、東山や北山、宇治などに、別邸を構えていました。今の感覚でいえば、同じ京都のなかという感じですが、交通機関がない平安時代には、それでも「別荘」という感覚があったのです。

それ以上遠く離れてしまうと、内裏で何か起きたときに、すぐに駆けつけることもできません。今の京都のはずれあたりが、その時代にあっては手頃な場所だったのです。

世界遺産の宇治の平等院も、もとはそのひとつで、藤原道長の別邸でした。宇治は、京都・難波（大坂）と水路で結ばれ、奈良とは陸路で結ばれている交通の要衝。もとは天皇の離宮だった場所を道長が買い取って、別邸にしたのです。彼の死後、息子の頼通《よりみち》が寺院に造りかえたのが、平等院のはじまりです。

平等院といえば、10円硬貨に刻まれている鳳凰堂《ほうおうどう》が有名ですが、その名は、建物が池に映る姿が、伝説の鳥・鳳凰が翼を広げているように見えるところからつきました。

なお、平等院では、池の対岸から、鳳凰堂を眺めるのが、正しい見方とされています。池のこちら側を此岸（俗世）、鳳凰堂の側を彼岸（来世）と見立てる見方です。

藤原道長が亡くなったのは、別邸時代のこの地でした。当時、道長が、背中の腫瘍の痛みに苦しんで亡くなったのは、道長がないがしろにした三条天皇の祟りと噂されました。

そこで、息子の頼通は、その父の最期を見て、親子で倒してきた数々の政敵の怨霊を恐れて、寺院に造りかえたともいわれます。

化野念仏寺

平安時代の〝遺体処理〟の技術を今に伝える寺

化野《あだしの》念仏寺は、奥嵯峨野のひなびた土地に、約８０００体の石仏や石塔が立ち並ぶという奇妙な景観で有名な寺院です。

そのおびただしい石仏は、平安京の死者をめぐる歴史を物語っています。化野は、平安時代、人を葬る場所だったのです。

当時は、まだ土葬や火葬の習慣が一般的ではなく、とりわけ庶民の亡骸《なきがら》は野におかれ、風葬されていました。つまりは、鳥や動物、微生物が解体するのにまかせられていたのです。

平安京の西のはずれ化野は、兼好法師が『徒然草』に「あだし野の露消ゆる時なく」と書いたように、東のはずれの鳥辺野《とりべの》、北のはずれの蓮台野《れんだいの》とともに、遺体が風葬される土地だったのです。

そこから、もとの地名である「あだし」に、空しい、儚いという意味の「徒し」という意味が重ねられ、やがて「化野」と書かれるようになりました。

この地の化野念仏寺の起源は、弘法大師が開いた五智山如来寺とみられています。

当時、化野一帯には無数の無縁仏があり、弘法大師は野ざらしの亡骸を集め、一体一体埋葬したと伝えられます。8000体の石仏や石塔は、その際化野一帯の無縁仏を集めたものといわれます。

平安末期になると、浄土宗の開祖・法然がここに念仏道場を開き、やがて念仏寺と呼ばれるようになりました。

仏像

平安時代の仏像の特徴はどこにある？

仏像の様式には時代による違いがあり、見る人が見れば、「これは平安時代の仏像」とすぐにわかります。その違いをざっと年代別にみていきましょう。

まず、仏像が日本に伝わった飛鳥時代の仏像は、顔立ちは面長で、目は杏の種のような杏仁形、口もとにわずかな微笑（アルカイック・スマイル）を浮かべているのが特徴です。上半身が長いことも、特徴のひとつです。大化の改新後、この様式の仏像は姿を消します。

奈良時代、仏像造りは、鎮護国家のプロジェクトとして発展します。同時代の仏像は、目は杏仁形から半眼になり、上唇の中央がやや丸みを帯びています。顔から微笑が消え、静かな表情に変化したのです。

そして、平安時代の初期、奈良時代にはなかった大胆な表現が登場します。密教が盛んになった影響で、激しい怒りをあらわにした仏像や、女性的で妖艶な美しさを持つ仏像が造られるようになったのです。

その一方、平安中期以降は、浄土宗系の仏教が盛んになったことの影響で、「和風」な仏像、丸顔で穏やかな表情の仏像が中心になります。その代表が、平等院鳳凰堂の本尊・阿弥陀如来座像です。このスタイルは、仏師定朝《じょうちょう》が大成したので、「定朝様」と呼ばれます。

定朝が完成させた和様を手本にして、それにならった仏像が造られますが、平安末期になると、リアルな仏像が求められるようになります。そして鎌倉時代に入ると、運慶・湛慶《たんけい》親子、快慶ら、いわゆる「慶派」の仏師がさらに写実性の高い仏像を生産します。

その傑作は、東大寺南大門の金剛力士像。その時代、権力を握った武士たちは、筋肉の動きを躍動感いっぱいに表現したリアルな仏像を求めたのです。そうして、仏像の様式の面でも、平安時代は終わりを迎えたのです。

祇園祭

夏の真っ盛りに祇園祭が行われるようになった経緯

京都では、7月に「祇園祭」が開かれます。京都三大祭りのひとつであり、日本三大祭りにも数えられる大祭です。

祇園祭は八坂神社の祭礼であり、7月中、約1か月間かけて催されます。クライマックスは、17日の山鉾巡行と、その前日の宵山です。宵山では、各町の駒形提灯に火が入れられ、祇園囃子が鳴り響き、祭り情緒が一気に盛り上がります。

翌日の山鉾巡行では、山鉾が京都の繁華街を進みます。四条烏丸《からすま》に全山鉾が集合したのち、四条通りを東に進み、河原町通りを上がり、御池通りで西に折れ、各町に戻って行きます。

7月といえば、京都が最も蒸し暑い時期ですが、そんな夏真っ盛りに、平安時代からこの祭りが行われてきたことには、次のような事情がありました。暑い盛りは、疫病が最も蔓延しやすい時期であり、その疫病を払うために祭りが行われるようになったのです。

その起源は、平安初期の869年にまでさかのぼります。当時、人口が急増した平安京では疫病が流行、多数の死者が出ていました。また、当時は医学知識が乏しく、疫病は怨霊による祟りとも考えられました。

そこで、朝廷は、祟りを鎮めるため、長さ6メートルほどの鉾66本を立てて、祭祀を行いました。66本という数は、全国66州に応じたものです。そのあと、祇園社（いまの八坂神社）まで神輿をかついでいき、祈祷したところ、疫病はおさまったと伝わります。

その後、疫病が流行するたびに、この儀式は行われていましたが、970年から恒例行事となり、疫病の広まりやすい6月7日と14日に行われるようになりました。それが、新暦以降は7月のお祭りとなったのです。

5章

源平の死闘は、新しい時代の幕開け

平清盛

平清盛の異例の出世と、その出自をめぐる噂

平安後期の「院政」の時代、上皇や法皇は、護衛として、武士を側に置きます。やがて、「院」という政治権力と結びついた武家が、しだいに政治的にも力を持つようになっていきます。

その武家のなかで、異例の出世を遂げたのが平清盛でした。白河院に引き立てられ、12歳で従五位下、18歳で従四位下と、数多の公家をおしのけて、スピード出世しました。その異様な出世ぶりから、清盛の実の父親は、平忠盛ではなく、白河院だったという説もあります。

たとえば、『平家物語』は、清盛の父親は白河院だと、はっきり記しています。それによると、白河院がある夜、寵姫の祇園女御のところへ通う途中、供の者が騒ぎ出しました。闇の中、法師が明かりをつけて歩く姿を、鬼と見間違えたのです。白河院は「鬼を射殺せ」と命じますが、忠盛は「生けどりにせん」と組みつきま

す。おかげで、その正体は鬼ではないとわかり、法師は命拾いをしました。

そのとき、白河院は、忠盛の勇気と冷静さに感じ入り、祇園女御を忠盛に与えます。しかし、そのとき、祇園女御はすでに白河院の子を妊っていて、生まれた子こそ、清盛だった——と、『平家物語』は伝えているのです。

清盛の実の父親が、平忠盛か、白河院かは、永遠に解けない謎ですが、わかっているのは、清盛が武家の子でありながら、白河院の引きで異例の出世を重ねたことです。清盛は、保元の乱、平治の乱に勝利し、最終的には太政大臣にまで出世します。むろん、「武士」出身者としては、初めてのことでした。そして、平家一門から多数の公卿が出て、平家の全盛期を築くことになります。

保元の乱

平安時代の権力闘争がすべて詰まった「込み入った戦い」

白河院が亡くなってから約30年後、孫の鳥羽上皇の時代に、武家が大きく飛躍する事件が起きます。「保元の乱」（1156年）です。

この乱は、平安時代の権力闘争の諸相をすべて含んだ戦いといえます。まず、崇徳上皇と後白河天皇という「天皇家内」の確執に加え、「藤原氏内」の争闘、それに「源氏と平家」という武家の対立が加わって、京の都を舞台とする初の本格的武力闘争へと発展したのです。

戦闘自体は、わずか4時間ほどで決着したのですが、そこに至る事情はかなり複雑です。そもそものきっかけは、崇徳天皇が、父親の鳥羽上皇から、弟の体仁《なりひと》親王（近衛天皇）へ譲位するように迫られたことにありました。

崇徳天皇は、鳥羽上皇から「将来は、院政を開くことも可能だから」とほのめかされ、わずか3歳の弟に玉座を譲りました。そのとき、崇徳は「近衛天皇の次は、自分の子の重仁《しげひと》親王を天皇にする」という約束を取りつけていました。

ところが、近衛天皇が17歳で没すると、鳥羽は崇徳との約束を反故にして、近衛天皇の異母弟の雅仁《まさひと》親王（後白河天皇）を擁立します。この騙し討ちに対して、崇徳は深い恨みを抱きます。

では、なぜ鳥羽は、息子を欺いたのでしょうか。それは、前にも述べたように、鳥羽が、崇徳を実の息子だとは思っていなかったためでした。鳥羽は、崇徳のことを、父親の白河法皇と自分の妻が密通して生まれた子どもだとみていたのです。
そうした鳥羽が、崇徳との約束を反故にしたことで、崇徳VS.鳥羽・後白河という天皇家内の内部分裂を生むことになりました。

1156年、鳥羽が亡くなると、崇徳方と後白河方の対立は、いよいよ激化します。それに、藤原摂関家内の藤原忠通と弟・頼長の対立がからみ合って、それぞれが懇意の武家を召集、平安京で初の戦乱に突入しました。

崇徳側についたのは、平忠正、源為義、源為朝（義朝の弟）ら。そのなかでも、為朝は、その時代きっての武将・弓の名手であり、崇徳方は大きな期待を寄せていました。

一方、後白河側には、平清盛と源義朝がつきました。この時点では、まだ「源氏と平家」に色分けされた戦いではなく、一族が乱れ合って戦ったのです。

崇徳側では、為朝が、後白河方への夜襲を進言します。為朝は「夜襲をかけ、兄・義朝が出てきたところを弓で射殺し、平清盛のへろへろ矢は鎧の袖で打ち払う」と豪語したと伝わります。しかし、藤原頼長は「上皇や天皇の争いは白昼堂々と行うもの」と、この案を退けます。

為朝は、そのとき、「兄・義朝は奇襲を仕掛けてくるだろう」と読み、敗北を予感したと伝わります。

事実、後白河方は、崇徳方の白河殿に夜襲を仕掛けます。崇徳上皇側は、為朝を中心に対抗しました。

この戦いで、義朝・為朝兄弟による「弓対決」があったと伝わります。為朝は、大将の義朝をひるませることができれば、後白河方の軍は退くと考え、義朝の兜の星を弓で射て削りました。それに対して、義朝が「評判ほどの腕ではない」と大声で呼ばわると、為朝は「兄と思えばこそ、わざと外した」と答え、今度は頭を狙います。その矢を義朝の配下が身代わりに受けて、義朝は命拾いしたと伝わっています。

というような、為朝の奮戦はあったものの、義朝が白河殿に火を放つと、崇徳方の兵は混乱、敗れ去りました。

崇徳上皇は、仁和寺に逃亡したところを捕まり、讃岐に島流しになります。為朝は、近江で捕らえられ、その後、弓を引けないように、腕の筋を切られたうえで、伊豆大島に流されました。

平治の乱

藤原南家と北家が争って、平家が一人勝ちした戦い

保元の乱がこうして終わり、これで天皇家・摂関家内の対立にケリがついたかのように見えました。しかし、わずか3年後、次の対立がはじまります。1158年、後白河天皇が在位わずか3年にして二条天皇に譲位し、上皇となると、ともに上皇の側近だった藤原信西（藤原南家系）と藤原信頼（藤原北家系）が激しく対立しはじめたのです。

信西は、公家としての地位はさほど高くありませんでしたが、学者・僧侶でもあり、上皇の近臣として権力を握っていました。一方、藤原信頼は、公家としての地位は信西より高く、やはり上皇の寵臣として権力をふるっていました。

前者の信西は、何かと敵の多い人物で、源義朝も政敵のひとりでした。その時期、義朝は、保元の乱の恩賞が、平清盛よりも少なかったことに不満を抱き、その不満を上皇側近の信西に向けていたのです。義朝は、信西憎しから、藤原信頼と結

びつきます。

一方、清盛は信西と結び、こうして「信頼・義朝」と「信西・清盛」の両勢力が対立します。再び、藤原家内の争いに、源氏と平家が結びついたのです。

緊張関係が続くなか、1159年の暮れ、平清盛が熊野詣《もうで》に出かけます。それは、清盛が仕掛けた誘いのすきだったという見方もありますが、いずれにせよ、義朝はそのすきを突いて、後白河上皇と二条天皇を内裏に幽閉します。信西は、味方の清盛が京都を留守にしているため、京都南方の山中に隠れますが、発見され、殺害されます。

清盛がこの変を知ったのは、6日後のことでした。清盛は、ただちに京都にとって返すと、義朝・信頼の目をかすめて、二条天皇を内裏から脱出させます。後白河上皇も脱出に成功しました。

清盛方は、二条天皇を得たことで、信頼・義朝追討の「宣旨」を得ます。そして、信頼・義朝のいる大内裏を攻め、奪取。義朝方は、大内裏を失ったあと、清盛の本拠地の六波羅を襲って形勢逆転を図ろうとしますが、これも敗退します。

そして、義朝は東へ逃亡、近江から美濃、尾張へ逃れます。そこには、義朝の家臣の長田忠致《おさだただむね》という者がいました。長田父子は、表向きは義朝を歓待しますが、彼らの心はすでに義朝から離れていました。父子は、義朝に風呂を勧めます。丸腰の義朝が風呂でくつろいでいるとき、忠致らが襲いかかります。義朝も、丸腰ではいかんともできず、殺害されました。

この乱によって、上皇側近の信西と、武家の実力者・義朝の2人が殺害され、その結果は平清盛の一人勝ちといえるものでした。

ただ、清盛は、義朝の三男で当時12歳だった頼朝の一命を助け、伊豆へ流します。それは、清盛の継母である池禅尼が、「亡き（早世した）家盛に似ている」と命乞いしたためといわれますが、ここで情をかけたことが、やがて源氏の復活と平家の滅亡へつながっていくのです。

平家政権

清盛の権力の源泉は「通貨」を確保する力

平治の乱以後は、平清盛が着々と地盤を固め、権力を一手に握ります。乱から8

年後の1167年には、律令官制の最高官である太政大臣になり、さらにその4年後には、娘の徳子を高倉天皇に輿入れさせます。そして、徳子が皇子を生んで、安徳天皇が即位すると、外戚として、さらに権勢をふるいます。

経済的には、平家は約500の荘園をもち、支配した国は、全盛期には30か国（日本の約半分）を超えました。清盛は、政治的には、天皇家の外戚となって権力を掌握、経済的には荘園を寄進させ、知行国を一族で支配するという藤原北家の統治手法を踏襲したのです。

ただ、藤原氏があまり取り組まなかったことにも、清盛は力をそそぎます。海外との交易です。

清盛は、日宋貿易を積極的に行い、莫大な財貨を手にしました。日宋貿易は、もとは父（とされる）忠盛が手がけていましたが、保元の乱後は一時、信西が独占していました。平治の乱で、信西が殺された後、清盛がこれを奪ったのです。

その後、清盛は貿易量を拡大するため、航路を整備します。それまで、宋船は、北九州までしか入ってこられなかったのですが、清盛は、畿内まで直接航行できるように、海の難所といわれた瀬戸内海の音戸《おんど》の瀬戸を開削したり、摂津の大輪田《おおわだの》泊《とまり》（今の神戸市）を整備したりします。現在、世界遺産の厳島《いつくしま》神社は、そうした瀬戸内海航路の安全を見守るために築いた社でした。こうして、清盛は海外交易による利益も握ったのです。

日本から宋へのおもな輸出品は、銅、金、硫黄、真珠と、日本刀などの工芸品。宋から輸入したのは、青磁などの陶磁器、絹織物、香料、それに大量の「銅銭」でした。とりわけ、この銅銭が清盛の経済力の源泉となりました。

当時の日本は、金属の鋳造技術が未熟だったため、流通に耐えうる貨幣をつくることができませんでした。そこで、清盛以前から、宋銭が日本国内でも貨幣として流通していたのですが、いかんせん数が足りませんでした。現代経済学の目からみても、貨幣不足は経済の停滞を招きます。清盛は、宋の銅銭を大量輸入し、経済を活性化させたのです。こうして、清盛は、交易と通貨を支配しました。

なお、そんな権勢を表す言葉として、「平家にあらずんば人にあらず」と、清盛が言ったようにも思われていますが、『平家物語』のなかで、この言葉を語っているのは、清盛本人ではなく、弟の時忠です。しかも、その話も、平家物語の作者の創作とみられています。

源平の戦いのはじまり

圧倒的優勢だった平家は、序盤から負け続けた

平清盛は、身内を続々と高官（公卿）に取り立てます。短期間でのしあがった平家は、政界に有力な人脈を持たなかったため、権力維持のためには、身内で要職を固めるしかなかったのです。

しかし、独裁体制が反発を招くのは世の習いです。平家の専横ぶりは、他氏の不満と恨みを買って、平家没落を早める原因になりました。

しかも、清盛は1179年、当時の常識からすると、暴挙におよびます。後白河法皇を幽閉したのです。これに、後白河法皇の子の以仁王が強く反発し、翌1180年、平家追討の令旨を全国の源氏らに発し、自らも挙兵しました。これが、以後10年間にわたって続く「源平合戦」（治承・寿永の乱）のはじまりとなりました。

以仁王はあっけなく討ち死にしてしまいますが、彼が源氏らに平氏追討の命令を下したことで、伊豆に流されていた源頼朝や、木曾にいた木曾義仲らが次々蜂起し

ます。

むろん、平家側もそうした動きに対して、手をこまねいていたわけではなく、清盛は以仁王の令旨が全国に送られたことを知ると、反平家活動の押さえ込みにかかります。以仁王の令旨を受けた源氏の者すべてを追討するよう、指示を出しました。

清盛は、源頼朝に対しては、大庭景親《おおばかげちか》に追討を命じます。一方、頼朝は令旨に従って、打倒平家の兵を挙げ、まず舅の北条時政の指揮で、伊豆守目代の山木兼隆を襲い、これを討ちとります。この勝利後、頼朝は、三浦勢と合流するため、東へ向かいますが、大庭軍の動きは早く、頼朝軍は単独で大庭軍と戦うことになりました。それが、石橋山の合戦です。その戦いは、頼朝軍300、大庭軍3000の戦いであり、頼朝軍は完敗、敗走します。頼朝は、真鶴岬から船で安房に逃げのびます。

その後、頼朝は、短期間のうちに安房で再起、多数の兵を集め、打倒平家に再始動します。頼朝軍は、安房から上総、下総と出て、武蔵から鎌倉に入ります。そのときには、3万もの兵が集まっていました。

京都の平家は、源頼朝の再起に、頼朝討伐軍を関東に差し向けます。平家の大将に選ばれたのは、平清盛の孫の維盛《これもり》でした。両軍は、今の静岡県の富士川の両岸に、対峙することになりました。

富士川には平家軍が先に到着していたのですが、やがてそれを上回る源氏軍が集まってきます。両軍は陰暦の10月24日早朝を矢合わせ（開戦）と決めていましたが、結局、平家軍は戦うことなく、退却してしまいます。

その退却劇をめぐっては、いろいろな説があって、まず『平家物語』は、平家軍は夜ふけに水鳥の羽音を聞き、それを源氏の大軍の奇襲と勘違いして逃げ出したと伝えています。一方、鎌倉幕府の正史である『吾妻鏡』は、その夜、源氏方の武将・武田信義の手勢が平家に奇襲をかけたと伝えています。そして、小競り合いがあり、それに多数の水鳥が驚き、飛び去りました。平維盛は、その羽音を源氏の大軍による奇襲と勘違いし、退却を決意したといいます。

ほかには、水鳥の羽音とは関係なく、平家軍が退却したという説もあります。もともと、慣れない土地であるうえ、兵数でも劣り、すでに投降する兵も現れていたという状況から、陣を払ったという説です。

いずれの説も、平家側の「戦意が乏しかった」ことを伝えていますが、それは平家がすでに公家化していたからだけではありません。前年の1179年から2年続いて、平家の地盤である西日本地方は凶作に見舞われていました。疫病も流行り、京都では7万人もの餓死者が出ていたと伝えられます。

つまり、平家は、飢饉のなか、兵の募集もままならなかったのです。かろうじて集めた兵も、数合わせに過ぎない「借り武者」が多かったため、戦意に乏しかったのです。そのため、水鳥の羽音に逃げ出したようにも、描写されたのでしょう。

いずれにせよ、富士川の合戦で、戦わずして逃げ戻った平家の権威は、一気に失墜します。そのうえ、翌年2月には、総帥の平清盛が病死、平家の前途には真っ黒な雲が立ち込めることになったのです。

倶利伽羅峠の戦い
平家の大軍を破った勝因は、「火牛の計」ではない

この時期、以仁王の令旨を受けた源氏には、頼朝以外にも、源氏の棟梁の座を狙う武将がいました。木曾義仲です。義仲は木曾で挙兵し、富士川の合戦から約8か

月後、信濃横田河原の戦いで、平家軍に圧勝します。義仲は、その勢いを駆って、関東北部に勢力を伸ばし、鎌倉侵攻さえ狙いました。頼朝を倒し、源氏の棟梁の座を手に入れようともくろんだのです。

その動きに対して、頼朝は信濃の善光寺付近まで出陣。義仲は、その北方に陣を張りますが、頼朝が引き連れてきた大軍を前にして劣勢を悟り、和睦を申し込んで、子の義高を人質として鎌倉に送ります。

こうして、義仲は、いったんは頼朝に屈しましたが、その失点を挽回するため、頼朝よりも先に上洛し、平家を追討することをもくろみます。

平家も、義仲が上洛を目指していることを察知し、先手を打って北陸へ軍を進めます。同年5月、平家軍は、砺波山中の倶利伽羅《くりから》峠近くに布陣し、義仲軍と対峙します。そのとき、平家軍7万に対し、義仲軍4万だったと伝えられます。

兵力で劣る義仲は、作戦に工夫を凝らし、二つの別働隊に、1隊は平家軍の背後を、もう1隊は平家軍の側面を突くよう指示しました。夕刻、まず背後の別働隊が平家軍を襲います。平家軍が動揺するところを義仲の本隊が正面攻撃。平家軍は北の側面へ逃げようとしましたが、そこには、もうひとつの別働隊が待ち構えていました。こうして、平家軍は散り散りに敗走しました。

この戦いで、義仲は「火牛の計」を使ったと伝えられます。これは、中国で考えられた計略で、牛の尾に結びつけた葦の束に火を点け、敵陣目がけて牛を突進させるという戦法です。しかし、倶利伽羅峠で、義仲がこの戦法を使ったというのは、あくまで伝説であり、義仲は周到かつ巧緻な作戦によって勝利したのです。

この敗戦で、平家はいよいよ意気消沈、義仲軍が京都に迫るなか、平家は都落ちを決意します。安徳天皇とともに、三種の神器を京都から持ち出しました。

義仲は1183年7月、そのカラになった京都に入り、頼朝より先にも上洛を果たしたのです。後白河法皇や公家たちは、これをいったんは歓迎します。

京都の治安を確保できなかった武将の末路

木曾義仲の最期

ところが、木曾義仲が入京したのは、米が最も不足する収穫前の夏場でした。義仲の兵たちは、乏しい米を含めて、掠奪の限りを尽くします。義仲もこれを止めなかったため、義仲は、公家や庶民からの信望を失います。

すると、後白河法皇は、たちまち手のひらを返し、頼朝に義仲を討つための上洛を求めます。むろん、頼朝は内心、それを待っていたのですが、すぐには動きませんでした。食糧が不足している京都に、大軍を率いていくのは、得策ではなかったからです。

そこで、頼朝は「奥州の藤原氏が、留守中の鎌倉を襲いかねない」ことを理由にして、いったん断ります。これで京都では、頼朝待望論が日に日に高まりました。

頼朝は、そうした気運が十分に高まったことを見計らい、動きはじめます。まずは10月、源義経に軍500を与え、京都に向かわせます。義仲は、これを察知しますが、わずかな軍と軽視してしまいます。そのすきに、頼朝は大軍を西に向かわせ、美濃墨俣川に集結しました。

加えて、義仲には、別の敵が現れました。西国に落ち延びていた平家が態勢を立て直し、閏10月、水島の合戦で、平家軍は義仲軍に大勝。勢いに乗った平家は、摂津一ノ谷に軍勢を集結させ、京都奪還を狙いはじめます。義仲は、鎌倉勢とのはさみ打ちを避けるため、平家に和議を申し込みました。翌年1月には、義仲は、後白河法皇に強要して、征夷大将軍の座につきますが、すでにその命運は尽きかけていました。

頼朝軍（東軍）が二手に分かれて、攻め込んできたからです。まず、源範頼（頼朝の弟、義経の兄）の軍が瀬田口から京都を攻め、義経軍は宇治川から攻めかけました。

これに対して、義仲は、瀬田口と宇治川の二つに軍勢を分けます。

1月19日、義仲は、宇治川の守りに、叔父の信太義広を派遣しますが、その数はわずか３００。義経率いる軍は2万といわれ、宇治川の守りは簡単に破られました。義経軍はその勢いのまま京都市中に入り、幽閉中の後白河法皇を解放します。

一方、瀬田口では、範頼軍が、義仲方の今井兼平の軍を破ります。義仲は、宇治川、瀬田口の双方を突破されたことを知り、故郷の木曽に落ち延びることを決意します。

義仲の側には愛妾の巴《ともえ》御前があり、途中、今井兼平とも合流します。しかし、義仲はそれ以上の逃亡は無理と判断し、巴御前を去らせ、今井兼平と2人だけになったところを、粟津で討たれました。享年31。

一ノ谷の戦い

源氏を勝たせるため、後白河法皇が仕掛けたペテン

木曾義仲を滅ぼした東軍（以下、源氏軍）は、義仲の軍勢とは違って、軍規をよく守り、京都の治安を確保しました。そうしてすぐに、源氏軍は、平家軍と戦うため、摂津（今の兵庫県）に向かいます。

これは、後白河法皇の求めにもとづくものでした。法皇は、三種の神器を何としても奪い返したかったのです。

源氏軍の先鋒は、二手に分かれて京都を出発、平家が本陣を置いた一ノ谷を東西から攻めようとします。源範頼率いる本軍5万6千は山陽道を通り、一ノ谷の東、生田の森に進出しました。一方、源義経率いる別働隊2万は、丹後から大きく迂回し、明石に出て、西から一ノ谷を攻める手はずでした。

しかし、義経は、迂回の途中で、手勢をさらに二つに分けます。主力部隊は予定どおりに進軍。一方、自らはわずかの手勢を率いて、別行動をとり、鷹取山に向か

います。平家は、一ノ谷の東西に兵力を集中しているので、北の山側から奇襲をかければ、平家陣を突き崩せると考えたのです。

2月7日、源氏軍は、東西から攻撃を仕掛ける手はずになっていました。その直前、後白河法皇は、平家に和睦を勧告し、「和議が整うまで、戦ってはならない」と申し渡します。これで、平家は戦意がゆるみ、和睦の使者を待っていました。

じつは、法皇は、源氏には和睦の話はまったくしていませんでした。法皇は、三種の神器を取り返すため、平家をだまし、源氏に奇襲をかけさせようと謀ったのでした。

卯の刻、源氏軍が東西から一気に攻撃、停戦中と思っていた平家軍にとっては思わぬ攻撃であり、平家軍はたちまち劣勢となりました。

そこに、北から義経軍が奇襲攻撃を仕掛けてきました。それが、有名な義経の「鵯越《ひよどりごえ》の逆落とし」です。ただ、鵯越は、一ノ谷からは直線距離にして9キロも離れた場所。その地名のイメージから「鵯越の逆落とし」という言葉がつくられたとみられますが、その地で奇襲攻撃が行われたわけではありません。

一ノ谷の戦いで、平家軍は崩壊、平忠度をはじめ、多くの武将が討ち死にしました。しかし、海に逃げた将兵も多く、三種の神器は舟で持ち去られ、この時点での奪還はかないませんでした。

屋島の戦い

平家がついに瀬戸内海の制海権も失った戦い

源氏軍は、一ノ谷の戦いで大勝したものの、平家を一気に滅ぼすことはできませんでした。平家は依然、安徳天皇を擁して、讃岐国の屋島に陣を構え、瀬戸内一帯の制海権を確保していました。それに対し、頼朝は、源範頼を大将に指名して平家軍と戦わせますが、約1年もの間、苦戦が続きます。その間、義経は、京都の治安維持を命じられていました。

1185年、頼朝は、平家の最終的な討伐を決意します。義経を平家追討使に任じ、梶原景時を軍目付として派遣しました。

2月16日、義経軍は摂津に集結、平家の主力が陣取る屋島攻略をめぐる軍議を開きます。その際、義経は梶原景時と対立しました。景時が、舟が前後に動けるように「逆櫓《さかろ》」を付けることを提案すると、義経は「戦う前から逃げ支度とは、何事か」と噛みつき、景時は「それは猪武者の言葉であり、大将の器量ではない」と反論、斬り合う寸前の罵り合いとなったのです。

その夜は暴風雨が吹き荒れていましたが、結局、義経はわずか5艘、150の兵で出撃、17日朝、義経軍の舟は、嵐のなか、四国・阿波勝浦に到着しました。そこから屋島までは約60キロ、19日朝、義経軍は平家の陣の背後に回りこみます。義経軍は民家に火を放ち、平家の陣に襲いかかりました。

これを平家軍は源氏の大軍による奇襲と錯覚し、陸の陣地を捨て、舟に逃げ込みます。そのため、平家軍の損害は軽微だったものの、根拠地の屋島を失うことになりました。

平家軍は、舟に移ってから、義経軍が少数であることに気づき、逆襲に転じます。舟から弓で攻撃しますが、夕刻、両軍は兵を退かせます。『平家物語』は、この弓による戦いのなか、次のような話を伝えています。平家方から1艘の小舟が源氏方の前に現れ、その舳先には日の丸を描いた扇がつけられ、女官がこれを射よと手招きしました。この挑発に対して、義経は、弓の名手の那須与一を指名。与一は八幡大菩薩に祈り、馬上から矢を放ち、見事、扇を射貫いた――という有名なエピソードです。

ただし、那須与一は、生没年不詳で、実在の人物かどうかもはっきりしていません。屋島の戦いに参戦したかどうかも定かでなく、扇の的の話は作り話と考えるのが妥当でしょう。屋島の戦いのあと、平家軍は制海権も失い、1か月後には、壇ノ浦の戦いで最期のときを迎えます。那須与一が扇を射貫いたエピソードは、そんな源平の力の盛衰を表す話として、挿入されたものと考えていいでしょう。

その後、平家は、屋島への再上陸を目指し、数日間戦い続けますが、やがて梶原景時らの本隊が屋島に到着。平家は屋島奪回をあきらめて、さらに西に逃れていきます。

壇ノ浦の戦い
源氏にとって完勝であっても、完璧な勝利ではなかった

屋島の戦いに敗れたことで、ついに平家に味方する豪族は、ほとんど姿を消しま

した。頼みの海上勢力も、紀伊半島から瀬戸内にかけての水軍、紀伊の熊野水軍、伊予の河野水軍などが勝ち馬に乗って源氏に味方し、瀬戸内海の制海権も源氏に奪われました。平家の根拠地は、長門の彦島を残すのみとなったのです。

義経軍は、屋島の戦いからわずか1か月後、彦島に迫ります。義経軍の舟は800艘、対する平家軍は500艘と、すでに水上戦力でも、源氏が平家を圧倒していました。

陸からは範頼軍が彦島付近に迫り、平家は水陸両面から攻められることになりました。さらに平家の陣容は、源氏にすべて漏れていました。平家水軍の中核だった阿波水軍の田口重能が陰で寝返り、平家側の動きを源氏方に伝えていたのです。

平家方の大将である平知盛《とももり》は、田口重能の裏切りに気づきながらも、それなりに勝算があるとみていました。壇ノ浦では、午前中は潮が東へ流れるので、その流れを利用して、短期決戦で義経軍を叩く作戦を立てていたのです。

知盛は、自軍を3陣に分け、安徳天皇が乗っていると見せかけた唐船を第2陣と第3陣の間に浮かべました。そうすれば、義経軍は、安徳天皇と三種の神器を確保するため、唐船に迫ってくるはず。そこを他の2陣で左右から包囲するという作戦です。

3月24日早朝、源平両軍は狭い海峡で激突します。序盤は、知盛の作戦どおりに進行します。単縦陣で進んでくる義経軍に対して、平家軍は左右に広がり、横から弓矢を浴びせかけました。そうして、源氏の舟は、平家の包囲網につかまり、窮地に陥ります。

そこで、義経は、平家水軍の「楫取《かじとり》（操舵者）を射よ」と命じます。これは、当時の戦いの掟を破るものでした。非戦闘員である操舵者を射ることは、してはならないことだったのです。当時の楫取は、鎧も兜もつけていませんでした。彼らを弓で射るのはたやすく、平家の舟は操舵者を失い、漂流しはじめます。

そうして、平家側が勢いを失ったところで、潮の流れが変わりはじめます。それを見計らって、田口重能の水軍が源氏側に公然と寝返りました。

これで、平知盛は敗北を悟り、安徳天皇の乗っている舟に乗り移り、舟の中を掃除したあと、「見るべき程の事は見つ」と言い残し、海に沈んでいきました。

平清盛の妻・時子は、幼い安徳天皇を抱き、入水します。一門の多くが入水するなか、総帥の宗盛は捕虜となり、鎌倉に連行される途中で殺されました。

こうして、義経は平家を滅ぼしたのですが、その勝利は政治的には完璧な勝利というわけではありませんでした。安徳天皇の奪還に失敗したうえ、三種の神器も、二つは取り返したものの、宝剣は海の底に沈み、発見できなかったからです。

平安時代
その終わりは「何年」なのか

平安時代の終わりは、すなわち鎌倉時代のはじまり、ということになります。すると、「イイクニつくろう鎌倉幕府」という語呂合わせが頭に浮かぶ人がいるかもしれません。かつては、鎌倉幕府の成立は、源頼朝が征夷大将軍に任命されたことにもとづいて、1192年とされ、学校でもそう習っていました。しかし今は、鎌倉幕府の成立をめぐっては、さまざまな説が唱えられるようになっています。

まず、頼朝が、鎌倉を根拠地に関東の支配を確立したのは、1180年のことです。その際、頼朝は、鎌倉に入る式典を行い、その式典には、関東の多くの豪族が参列しているので、関東支配の確立をもって幕府の成立というなら、この1180

年ということになります。

ただし、この時期には、まだ西国に平家が健在でした。鎌倉で力を蓄えた頼朝が、西国の平家に続き、奥州の藤原氏も滅亡させ、全国支配の体制を整えたのは、1190年のことです。全国支配の完成をもって「鎌倉幕府」の成立とみて、この1190年がふさわしいと主張する研究者もいます。

現在、一般的になりはじめているのは、壇ノ浦で平家を滅ぼした1185年です。そのため、年号暗記用の語呂合わせも、「イイハコつくろう鎌倉幕府」というように変わっています。

この説をとれば、794年にはじまった平安時代は、1185年に終焉のときを迎えたということになります。

6章

日本人が知らない平安時代の謎を深掘りする

妻問婚／婿取り婚

平安貴族は、どんな結婚生活を送っていた？

平安時代の前期までは、「妻問婚《つまどいこん》」と呼ばれる結婚スタイルが主流でした。夫婦が同じ家に住むのではなく、「夫が妻の家に通う」というスタイルが一般的だったのです。公家のなかには、複数の女性を妻とし、日を変えて通う者もいました。

むろん、それは男性本位の結婚形態です。夫にその気がなくなったときは、妻のもとに通わなければ、それで事実上、離婚が成立したからです。一方、妻のほうは、そんな夫が訪ねてくるのをひたすら待つしかありませんでした。

平安後期になると、結婚形態が変化し、夫が妻の家に住むようになります。夫が妻の家に婿として迎え入れられたので、これを「婿取り婚」と呼びます。

ただ、そのスタイルになっても、男性にとって都合がいいことに変わりはありませんでした。妻の家に同居しながら、他の女性のもとへ通う夫もいましたし、突然、妻の家からいなくなる夫もいました。夫婦関係を続けるかどうかは、やはり夫のほうに主導権があったのです。

ただ、平安時代は、公家の世界では、結婚に至るまでは、女性が主導権を握っていました。当時、公家階級の恋愛は、男性が女性に和歌を贈ることからはじまり、女性は好みの歌（男性）に対してのみ、歌を返しました。そうして、歌をやりとりするなか、男性が夜、女性のもとを訪れるのですが、それを受け入れるかどうかも、女性しだいでした。

平安時代の遊び
平安貴族は、どんな遊びを楽しんだ？

平安時代の公家の遊びといえば、双六《すごろく》と囲碁です。そのうち、双六は今とは違う遊びで、サイコロの目によって自分の駒を動かして、陣地を取り合う頭脳ゲームでした。

そして、双六も囲碁も、賭け事の対象でした。貨幣はあまり使われていなかったので、馬や紙といった当時の高額商品を賭けの対象にしていたのです。

ギャンブルに熱中すれば、徹夜になることもありましたが、そうした様子を清少納言は、「心にくきもの」と書き残しています。徹夜で囲碁をする平安貴族の様子を、教養があって上品だと評価しているのです。

他には、貝合わせや香合わせといった遊びもありました。貝合わせは、当初は珍しい貝を集めて、それに歌をつけるという遊びで、最も美しく、珍しい貝を出した者が勝ちとなりました。後には、多くの貝を用意し、一対の貝を探すゲームになりました。一方、香合わせは、香をかいで、何の香りかを当てるゲームでした。

平安時代の医学

この時代の医学のレベルってどの程度？

平安初期は、まだ医学と呼べるものが存在しない時代でした。公家たちは、自分や家族が病気になったときには、僧侶の加持祈祷の力に期待しました。

僧侶のほうも、その期待に応えるべく、山中に入って修行し、霊験の力を身につけようとしました。彼らもまた、自らの加持祈祷の力によって、病気を平癒できるものと信じていたのです。

僧侶のなかには、後世の「医学」に通じる知識を備えた者もいました。薬草の知識を持ち、その投与によって病気に対抗する術をある程度は心得ていたのです。

もちろん、そうした僧侶の力に頼れるのは、公家に限られ、庶民が僧侶を頼ることはできませんでした。つまりは、自然治癒にまかせるしかなかったのです。

また、疫病対策などはまったく行われていなかったので、平城京や平安京のような都市が生まれ、人口が密集すると、疫病が繰り返し流行しました。奈良の大仏も祇園祭も、その平癒を願って建立されたり、はじまったものです。

やがて平安中期になると、医学と医者が生まれ、当時の医学のハウツウ書と呼べる本も今に伝わっています。丹波康頼という人物が著した『医心方《いしんぽう》』という本です。紫式部が『源氏物語』を書く少し前の書であり、これが現存するわが国最古の医学書です。

なお、この本は、たとえば、性交渉にあたっては、前戯をたっぷり行うことが必要で、男性だけが放出して終わるという勝手なセックスはNGといった記述もあります。

平安時代の食生活１

平安時代の天皇や公家の食生活は？

平安初期までは、さまざまなことで、中国をモデルにした律令制の時代だったので、天皇や公家の暮らしも、中国の影響を濃厚に受けていました。

当時の天皇の食事は、午前10時頃の朝食と午後4時頃の夕食の1日2回。清涼殿の大きな部屋に、内膳司《ないぜんし》という役所が調理した料理が運ばれ、品数は5品でした。それが銀製の器に盛られ、天皇は銀製の箸とスプーンでそれを食べていました。それが当時の中国風であり、現在の韓国のスタイルとよく似た方法で、食事をしていたのです。

時代が下り、平安京遷都から1世紀がたって、遣唐船が廃止され、中国との行き来がとだえると、国風文化が台頭してきます。天皇の食事も、中国風から日本風へと変化します。まず、朝は「干飯」を食べるようになり、場所も清涼殿の奥の小部屋へと移されました。

また、食器も、銀製の器や箸、スプーンは姿を消し、土器に盛り付けられた料理を木の箸で食べるようになりました。そうして、現代に至る日本人の食事スタイルの原型が生まれたのです。

平安時代の食生活2
平安時代、よく食べられた食べ物は？

奈良時代は、律令制の税のひとつとして、全国から食材が運ばれていました。その中心は米と海産物で、そのうち海産物は、日持ちがするように、干物や塩漬けなどの保存食に加工され、運び込まれていました。

平安時代、律令制は形骸化したものの、保存食の加工技術は、さらに発達しました。たとえば、主食の米では「干飯《ほしいい》」という保存法が発達します。それは、煮た米を天日で干したもので、食べるときには湯か水で戻してやわらかくしました。

平安時代、地方へ赴任する役人などは、この干飯を旅中食として持参しました。在原業平を主人公とする『伊勢物語』にも、干飯が登場します。その一節では、

「男」が、都落ちして関東へ向かう途中、干飯を食べようとすると、かきつばたが咲いていました。「男」がその美しい花を見て、都に残してきた妻のことを思って歌に詠んだところ、聞いた人が涙を流し、その涙で干飯がふやけてしまったという話です。

平安時代には、副食も保存法が発達し、たとえば、アユだけでも、押年魚《おしあゆ》、鮨年魚、煮塩年魚、煮乾年魚、火乾年魚、清塩年魚、醤年魚と、7種類もの保存法がありました。

平安時代の食生活 3
平安時代の公家は、本当に肉食をしなかった？

平安時代の公家といえば、仏教を厚く信じ、殺生を避け、肉食しなかったという印象があります。しかし、当時の記録によって、彼らが、ときには鳥の肉のほか、イノシシやシカの肉も食べていたことがわかっています。

当時の貢納物を詳しく記した『延喜式《えんぎしき》』によると、キジの干し肉のほか、イノシシヤシカの干し肉が各地から運ばれ、それを公家たちが食べていたことがわかるのです。

また、イノシシやシカの肉でつくった「なれ鮨」や、動物の内臓でつくった塩辛も食べられていました。つまり、平安貴族たちも、肉食を一切しなかったわけではなかったのです。

また、平安貴族たちは、乳製品もよく食べていました。牛乳を飲み、「酪《らく》」や「蘇《そ》」という牛乳を使った料理も食していたのです。「酪」は、牛乳を濃縮して粥状にしたもの。「蘇」は、「酪」をさらに加熱濃縮して半固形状にしたものでした。

寝殿造
寝殿造の暖房施設はどうなっていた?

平安時代の公家は、「寝殿造」の屋敷に住んでいました。寝殿造は、雨戸や板壁などで囲まれていない吹きさらしの家屋。今の家でいえば、ドアや障子がなく、窓を開け放しにしているような状態の家屋でした。

むろん、その室内には、たえず外気が入り込み、風が吹き込んできます。そこで、そこに住む人たちは、几帳《きちょう》（間仕切りの一種）や屏風などの建具を二重、三重にも置いて、風除けにしていました。冬の夜などは、脱いだ着物も几帳にかけて風除けにしていました。

一方、当時の暖房器具といえば、炭櫃と火桶の2種類。そんな暖房具のみで、底冷えする京都の街の吹きさらしの家で暮らしていたわけですから、当時の公家たちは、相当寒い思いをして暮らしていたわけです。

むろん、そんな「開放的な」家屋では、プライバシーを保つこともできません。そのためにも、公家たちは、室内に几帳や衝立などを置いて、個人用のスペースをつくっていたのです。

当時の常識・マナーでは、勝手に衝立を動かしたり、御簾《みす》を持ち上げたりすることは、NGでした。暗黙の了解として、廊下を歩くときも、人の部屋を覗こうという者はいなかったのです。

ただし、当時は物盗りが跋扈《ばっこ》し、公家屋敷を襲ったという話が多数伝わっています。開放的な寝殿造の屋敷は、盗人が簡単に忍び込める構造でもあったのです。

牛車
公家は、牛車をどこに〝駐車〟していた？

平安朝の公家は、牛車《ぎっしゃ》に乗って移動することが多かったため、都大路には多数の牛車が行き交っていました。

というと、牛車同士が衝突するなどの交通事故が起きたり、また牛車の駐車場探しに苦労したのではないかとも思えます。

しかし、そうした心配は、必要ありませんでした。平安京の道路は、今よりもはるかに広かったからです。

平安京は、中国の長安にならって造営された都市であり、小路でも道路幅は4丈（約12メートル）と決められていました。

大路の幅になると10丈（約30メートル）、最大の朱雀大路ともなると、28丈（約84メートル）もの道幅があったのです。

道路がそれだけ広ければ、小路でも牛車同士が楽にすれ違うことができました。

牛車同士が衝突することなど、ありえなかったのです。

むろん、それだけ道路が広ければ、駐車場探しに困ることもありませんでした。

平安京内は、どこでも路上駐車が可能だったのです。

笏
平安時代の公家が、細長い板「笏」を手にしているのは？

平安時代の公家にとって、「笏《しゃく》」は必需品でした。

律令の制定によって、公家や官人が礼服や朝服を着用するときには、笏を持つことになっていたからです。

笏は、大きさや材質が決まっていて、長さは約50センチ、幅は約5センチ、材質は五位以上が象牙製、六位以下は木製を用いることになっていました。

笏を持つことの当初の目的は、公家や官人らしい威厳を保つことでしたが、後に実用的にも使われるようになりました。笏をメモ帳代わりに用いたのです。

公家たちは、さまざまな儀式を行うなか、口上や細かな決まりを覚える必要がありましたが、なかなかすべてを正確には暗記できません。そこで、笏に口上や決まり事を書いたメモを貼り付けるようになったのです。

そうして、儀式がはじまると、笏を目の前に掲げ、笏に貼り付けたメモを見ながら、口上を読み上げたり、作法を確認したりしていたのです。

平安時代のくらし1

平安女性が眉をおでこの真ん中に描いていたのは？

平安時代の特徴的な化粧といえば、おでこの真ん中に眉を描く〝メイク術〟。当時、そのような化粧法が流行したのは、目と眉の間が離れているほど、高貴な顔立ちとされたからです。

そのため、女性は、10歳頃から「眉引き」の技術を習いました。まず、眉毛を1本ずつ抜きとり、首筋から髪の生え際まで、白粉を厚く塗ります。そして、おでこの真ん中あたりに眉を描くと、目と眉の離れた真っ白な顔ができあがり、当時はそれが高貴なフェイスとされたのです。

平安時代のくらし２

平安女性は、長い髪をどうやって手入れしていたか？

平安朝の女性は「髪の毛が長いほど美人」とされ、女性の多くは、自分の身長と同じくらいまで、髪の毛を伸ばしていました。

それだけ髪が長いと、むろん、手入れはひじょうに大変でした。水洗いは大仕事になるので、ふだんはお湯に米糠や小豆粉を混ぜたもので、おもに髪先だけを洗い、そのあとは椿油を塗って、髪のツヤを保っていました。

そして、水洗いするのは、1か月に1～3回程度。髪がそこまで長いと、洗うのはもちろん大変ですが、乾かすのにも時間がかかります。濡れた髪は水分を含んで重くなるので、女性たちは、その重みで座っていることはできず、終日、横になって髪を乾かしたと伝わります。というように、髪洗いが1日仕事だったため、女房らには、月に1～3回程度、「沐暇」という休暇が与えられているほどでした。

平安時代のくらし3
平安時代の公家は、どれくらい風呂に入っていたのか？

平安時代は何かと禁忌の多い時代であり、体を洗ってもいい日も、各家ごとに決められていました。たとえば、藤原一族のある家では、沐浴（「沐」は頭を洗うこと、「浴」は体を洗うこと）は5日に1回で、しかも5日おきではなく、吉凶を占って沐浴日を決めていました。

そんなルールがあったのは、平安人にとって、「沐浴」がひじょうに重要なことであり、きちんと沐浴すれば、穢れを除き、身体を清浄にすることができますが、沐浴の方法を誤ると、身を滅ぼすことになると信じられていたのです。

そこで、陰陽師や僧侶らが吉凶を占い、沐浴に関して、いろいろなルールとタブーが生まれました。たとえば、月の第1日目に沐浴すると短命になるとされ、亥の日に沐浴すればやがて恥をかくとされました。一方、毎月8日に沐浴すると、長生きできると信じられていたのです。

なお、平安貴族が香を焚きこめていたのも、入浴の回数が少なかったからです。5日に1度程度しか、沐浴しなかったため、平安貴族たちは、たえず体臭をぷんぷんさせていました。そのため、彼らは、その臭いを消すため、香を焚きこめることになったのです。

しかも、寝殿造の住居にはトイレがなかったため、公家たちは「樋箱《ひばこ》」と呼ばれた砂を敷きつめた箱（要するに、おまる）を室内に用意し、そこで用を足していました。そのため、排泄物の臭いが室内に漂い、その臭いを消すためにも、香が必要だったのです。

公家・公卿

公家と公卿はどう違う？

「公家」と「公卿」は、似た言葉ですが、その意味するところは違います。「公家」は貴族全体を指す言葉です。一方「公卿」は、「公家」のなかでも、とりわけ官位の高い人たちを指します。

公家のなかで、どこまで上位の人が「公卿」にあたるかも、厳密に決められていました。官職でいうと、摂政・関白、太政大臣、左大臣、右大臣、内大臣、大納言、中納言、左右近衛大将まで。位でいうなら、一位から三位《さんみ》までです。

当時の位は、一位から九位までのクラスに分けられ、その三位までが「公卿」と呼ばれたのです。四位以下の場合、「公卿」ではなく、ただの「公家」でした。

というように、同じ「公家」のなかにも、身分に差があり、「公卿」は「公家」のなかでも、ごくごく一握りの人々だったのです。

平安時代の犯罪
平安時代、犯罪をおかすと、どんな刑に処せられた？

平安時代の刑罰は、大きく、笞《ち》・杖《じょう》・徒《ず》・流《る》・死《し》の「五刑」に分かれていました。「笞刑」と「杖刑」は、ともに「叩き系」の刑です。笞刑も杖刑も、ともに竹の棒で尻を打ったのですが、杖刑用の竹棒のほうが太く作られていました。笞刑は10回から50回まで、杖刑は60回から100回までと、回数でも、杖刑のほうが重い刑でした。「徒刑」は労役を科す刑で、刑期は、1〜3年の5段階に分かれていました。「流刑」は島流しの刑で、都からの距離によって、近流《きんる》、中流《ちゅうる》、遠流《おんる》の3段階に分かれていました。

最も重い刑はむろん死刑で、絞首刑と斬首刑の2種類がありました。ただ、平安時代は死を忌んだ時代であり、めったなことでは死刑は行われませんでした。

810年の藤原薬子の乱で、首謀者のひとり・藤原仲成が禁錮のうえ、死刑になった後は、1156年に保元の乱後、約70名が斬首刑になるまで、約350年間も、都では死刑が行われていなかったのです。

たとえば、866年の応天門炎上事件の際、首謀者と見なされた伴善男は、いったん死刑と決まったものの、罪を一等減じられて伊豆への流刑になっています。

荘園
平安貴族に荘園が寄進されたのは？

平安貴族のおもな収入源は「荘園」でした。

荘園は、もとは、その地域の土豪（開発領主）が開墾した私有の田畑です。律令制では「公地公民」が原則でしたが、すぐに形骸化し、その後、土地の私有が条件付きで認められていました。そうして、私有地が拡大することになったのです。

平安時代になると、土豪らは、自らが耕した土地を有力貴族や寺社に寄進しはじめます。そして、土豪らは形式的にはその荘園の荘官となり、実質的に荘園を運営するというスタイルが生み出されたのです。そして、土豪らは、収益の一部を公家や寺社に納めたのです。そうした荘園を「寄進地系荘園」と呼びます。

土豪らが自らが開墾した土地を寄進したのは、自らの土地を守るためでした。当時、地方の統治を司っていたのは、中央政府から派遣された受領たちでした。その受領には自らの蓄財のため、土豪らから重い税を取り立てる者もいました。そこで、土豪らは、有力な公家や寺社に土地を寄進し、その庇護下に入ろうとしたのです。

有力者の庇護下に入れば、税金を免除される「不輸の権」や、受領らの立ち入りを認めない「不入の権」を得ることができたからです。そうして、受領から、土地や利益を巻き上げられることを防いだのです。

むろん、受領の圧力から逃れるには、より有力な公家に寄進したほうが効果的です。そこで、最強の公家だった藤原氏のもとに寄進が集中、藤原氏の荘園が雪だるま式に増え、それが藤原氏の栄華を支える経済的背景になったのです。後に、摂関家の力が衰え、平家が台頭すると、平家に寄進が集まることになりました。

平安時代、朝廷に租税が届かなくなった理由は？

不輸の権

平安後期になると、朝廷は財政難にあえぐことになります。地方からの租税が都まで届かなくなったからです。

租税が届かなくなった理由のひとつは、流通網の不備です。地方から米などを都に輸送するとき、船がよく使われていましたが、それを狙う海賊が現れたのです。一方、陸地の輸送は、コストが高く、輸送が滞りがちになったのです。

さらに大きな理由は、前項で述べた寄進地系荘園が増えすぎたことです。本来、その土地からの租税は、受領を通じて、朝廷に入るはずのもの。しかし、寄進地系荘園の多くは、受領に租税を納めないでもいい「不輸の権」を手にしていました。そうした荘園からの収入は、朝廷には入らず、荘園の保護者である有力貴族や寺社に流れることになったのです。

そうして、寄進地系荘園が増えると、藤原氏をトップとする有力貴族が財をなす一方、朝廷は税収不足となりました。そうして、朝廷は慢性的な税収不足から抜け出せなくなったのです。

平安時代の地価

平安京の土地の値段は？

794年の平安遷都の際、有力な公家には、都の土地が無償で与えられました。そうしなければ、公家たちが京都に引っ越そうとしなかったからです。つまり、当初、平安京の土地はタダだったのです。

その後、時代が下ると、都の土地は売買されるようになります。現存する最古の売買記録は、遷都から118年後の912年のもの。場所は、今の京都駅近くの一角で、下級役人が多く住むところでした。売り手も買い手も正六位という下級役人でした。売買されたのは約550坪で、値段は60貫文（今の貨幣価値で600万円程度）。つまり、坪1万円ほどだったということになります。

前九年の役

12年も続いたのに「前九年の役」というのは？

前に述べたように、11世紀の後半、東北地方で二つの反乱が起きました。「前九年の役」と「後三年の役」です。その前九年の役と後三年の役、よくみると、その名は誤りではないかと思えてきます。まず、前九年の役は1051年にはじまり、1062年に終わっています。つまり、足かけ12年かかった戦いだったのです。

一方、後三年の役は1083年にはじまり、1087年に終わった戦いです。これまた3年ではなく、5年間におよんだ戦いです。

にもかかわらず、「前九年の役」「後三年の役」という数字で定着したのは、それぞれ理由があります。まず、後三年の役の名は、後にまとめられた『奥州後三年記』という戦記に由来します。この戦記では、平安京に戦いの様子が伝わった1086年から源義家が陸奥守を解任された1088年までを合戦期間と見なしたので、「三年記」となったのです。この戦記が流布したことで、5年間続いた戦争が「後三年の役」という名で定着しました。

一方、前九年の役は、当初は「奥州十二年合戦」と呼ばれていましたが、それが「前九年の役」と変わったのは、次のような誤解があったという説が有力です。

前述の『奥州後三年記』という戦記が知られるようになると、「奥州十二年合戦」の中に後三年の役が含まれていると誤解する者が生まれ、前半の戦争は「12－3＝9年」で終わったと解釈されはじめたのです。そのため、12年かかった戦争が「前九年の役」という名で伝えられるようになったとみられるのです。

平安時代の対外関係
平安時代、外国とはどんな付き合い方をしていた？

平安初期の9世紀、東アジアでは、朝鮮半島の商人たちが精力的に活動していました。やがて唐が崩壊し、10世紀、宋が成立すると、宋の商人も日本と通商活動を行うようになります。平安初期の日本は、東アジアの貿易世界のなかにあったのです。

朝廷は894年、2世紀以上続いていた遣唐使を廃止しましたが、その背景にも、そうした活発な貿易活動がありました。日本と大陸、あるいは朝鮮半島との間で、民間貿易が盛んになって、遣唐使を送るまでもなく、知識や文物が入ってきていたからです。

実際、唐代後期の841年から、唐が滅びる907年までの60年余りの間に、37回も唐船が渡航してきたという記録が残っています。さらに、唐の滅亡後、日本は中国と正式な国交を開きませんでしたが、それでも宋などの貿易船が頻繁に来航していたのです。

遣唐使廃止後も、朝廷は、太宰府を窓口にして、そうした輸出入を行っていました。931年、宇多法皇が亡くなった際には、愛用品を仁和寺の宝蔵に収めた記録がありますが、そのなかには青磁茶碗や白磁茶碗など、中国伝来の品が多数含まれていました。

平安時代の天皇

平安時代の天皇に「後」を冠した天皇が多いのは？

歴代の天皇名には、「後朱雀《ごすざく》天皇」や「後一条天皇」など、名前に「後」のつく名が多数あります。その数は全126代のうち、28例にものぼります。なぜでしょうか？

そもそも、こうした天皇名は、生前につけられるものではなく、没後、「諡号《しごう》」または「追号」が贈られます。諡号は、生前の功績を称えて付ける名称であり、追号は、そうした意味合いを含まない名称とされます。

かつては、そうした名を贈る際、生前の居所や陵墓の場所など、地名から名付けることがよくありました。たとえば、平安初期の嵯峨天皇は退位後、嵯峨院を居所としたことから、そう追号されました。また、平安中期の一条天皇は、在位中に里内裏があった場所から追号されています。

一方、「後〇〇天皇」という名は、もとの「〇〇天皇」にあやかって追号された名前といえます。最初に「後」が使われたのは、一条天皇の子の「後一条天皇」でした。皇位継承をめぐって一悶着あったため、「一条天皇の子である」ことを強調して、正統性を表すため、「後一条天皇」と追号されたとみられます。

しかし、後には、親子関係がない場合にも、「後」が使われるようになりました。「○○天皇のように、立派な天皇だった」という意味で、「後○○天皇」と追号されたり、「○○天皇と同じ居所に住んでいた」という理由で、「後○○天皇」と名付けられるようになったのです。

平安京（朱雀大路）
平安京の朱雀大路がなくなってしまったのは？

平安京の真ん中を、巨大な道路が貫いていました。朱雀大路《すざくおおじ》です。その規模は、長さ約4キロ、道幅は約84メートル。むろん、現在の京都の街には、そのような巨大道路は見当たりませんが、かつての朱雀大路はどうなってしまったのでしょうか？

じつは、朱雀大路は、はるか昔に廃道になってしまったのです。平安京ができた当初、朱雀大路は都の中心に位置していましたが、その後、都の西側の右京の開発が進まず、東側の左京だけが発展します。そうして、都の中心は東側へと移り、朱雀大路はメインストリートとしての機能を失います。

平安後期には、すでに事実上、都の郊外の空き地のような存在となり、牛馬が放し飼いにされたり、畑にされたりしていたという記録が残っています。朱雀大路が都の目抜き通りとしてにぎわったのは、ほんの短期間のことだったのです。

桂離宮
平安貴族が桂の別荘地を訪ねた目的は？

京都の桂といえば、「桂離宮《かつらりきゅう》」のある場所。同離宮は江戸初期に建てられたものですが、その一帯は平安時代にはすでに公家の別荘地として知られた場所でした。たとえば、藤原道長も「桂山荘」を建て、たびたび桂へ足を運んでいます。

そうした平安時代の公家たちが桂を訪れる目的は、桂川での船遊びや鵜飼いを楽しむことでした。別荘を訪れた公家たちは、まず詩歌管弦の会を催し、歌や音楽を楽しみます。そして、屋敷内での宴を堪能した後、桂川へ出かけて鵜飼いを見物。そこで獲れたアユを食べるのが、当時の公家たちの楽しみだったのです。とりわけ、藤原道長のような実力者は、こうして英気を養い、また京都御所へと戻っていったわけです。

なお、平安時代には、桂のあたりには、「桂女《かつらめ》」と呼ばれた女性たちが暮らしていて、桂川の鮎などを京都で売り歩いていました。平安時代の貴族にとっては、桂女と〝遊ぶ〟こともまた、別荘行きの楽しみだったようです。

青春文庫

読《よ》みはじめたらとまらない 平安《へいあん》400年《ねん》の舞《ぶ》台《たい》裏《うら》

2023年10月20日　第1刷

編　　者　日本史《にほんし》深掘《ふかぼ》り講座《こうざ》

発行者　小澤源太郎

責任編集　株式会社プライム涌光

発行所　株式会社青春出版社

〒162-0056　東京都新宿区若松町 12-1
電話 03-3203-2850（編集部）
03-3207-1916（営業部）
振替番号　00190-7-98602

印刷／大日本印刷
製本／ナショナル製本

ISBN 978-4-413-29838-4